JN431324

AI 모델 성능 평가, 기초와 응용

AI문고

인공지능 시대입니다. 기계가 인간의 인지를 대신하고, 사물이 인간을 통하지 않고 다른 사물과 직접 커뮤니케이션합니다. 이에 따른 인간 삶과 문명 변화를 정확히 이해·예측·대응하는 것은 이 시대 우리 모두의 과제입니다. AI문고는 인공지능 기술과 환경의 여러 주제를 10가지 키워드로 정리합니다. 관련 개념과 이론, 학계와 산업계의 쟁점, 우리 일상의 변화를 다룹니다. 인간과 기술의 현재, 미래를 세심히 분석합니다.

일러두기

- 인명, 작품명, 저서명, 개념어 등은 한글과 함께 괄호 안에 해당 국가의 원어를 병기했습니다.
- 외래어 표기는 현행 어문규정의 외래어표기법을 따랐습니다.

처음이세요?

전문가세요?

지금, 큐알 찍으면

AI 입문서 바로 선물

당신만의 필독서 추천

500권 요약본 공짜

오디오북 무료 사용

AI 모델 성능 평가, 기초와 응용

이정헌

대한민국, 서울, 커뮤니케이션북스, 2025

AI 모델 성능 평가, 기초와 응용

지은이 이정헌
펴낸이 박영률

초판 1쇄 펴낸날 2025년 10월 28일

커뮤니케이션북스(주)
출판 등록 2007년 8월 17일 제313-2007-000166호
02880 서울시 성북구 성북로 5-11
전화(02) 7474 001, 팩스(02) 736 5047
commbooks@commbooks.com
www.commbooks.com

이 책은 커뮤니케이션북스(주)가 저작권자와 계약해 발행했습니다.
본사의 서면 허락 없이는 어떠한 형태나 수단으로도
이 책의 내용을 이용할 수 없음을 알려드립니다.

ⓒ 이정헌, 2025

ISBN 979-11-430-0970-8 03500

책값은 뒤표지에 표시되어 있습니다.

차례

AI 모델 성능 평가의 중요성

2025년 지금, AI는 더 이상 미래 기술이 아니다. 우리가 매일 사용하는 스마트폰의 음성 비서부터 병원의 진단 보조 시스템, 공장의 품질 검사 장비, 금융 회사의 신용 평가 모델까지, AI는 이미 우리 삶 깊숙이 들어와 있다. 그런데 한 가지 중요한 질문이 있다. '이 AI 모델이 정말 잘 작동하고 있는 걸까?'

몇 년 전, 한 대기업에서 수억 원을 들여 개발한 불량품 검출 AI 시스템이 실제 생산 라인에 투입됐다가 하루 만에 사용 중단된 사례가 있었다. 개발 단계에서는 99%의 정확도를 자랑했지만, 실제 현장에서는 정상 제품을 불량품으로 판정하는 비율이 너무 높아 생산 차질이 발생했기 때문이다. 그렇다면 문제는 무엇이었을까? 바로 실제 산업 현장의 특성을 고려한 적절한 성능 평가를 하지 못했던 것이다.

이 사례는 AI 모델 성능 평가의 중요성을 극명하게 보여 준다. 단순히 '정확도 99%'라는 숫자에 현혹되어서는 안 된다. 예를 들어, 의료 진단 AI에서는 암 환자를 놓치는 경우(위음성, False Negative)가 건강한 사람을 암으로 오진하는 경우(위양성, False Positive)보다 훨씬 치명적이므로 재현율(Recall)이 무엇보다 중요하다. 반면, 스팸 메일 필터에서는 정상 메일을 스팸으로 분류하는 실수가 더 큰 문제이기에 정밀도(Precision)가 더 강조된다. 이처럼 AI가 적용되는 분야의 특성과 비즈니스 요구사항에 따라 불균형 데이터 세트에서의 성능, 실시간 처리 속도 등 다양한 관점에서 평가의 무게중심은 달라져야 한다.

딥러닝 혁명 이후 AI 기술은 폭발적으로 발전했다. 2012년 알렉스넷(AlexNet)이 이미지넷(ImageNet) 대회에서 압도적인 성능을 보인 이후, CNN(Convolution Neural Networks, 합성곱 신경망), RNN(Recurrent Neural Network, 순환 신경망), 트랜스포머(Transformer) 등 새로운 모델 구조가 끊임없이 등장했다. 2023년 챗GPT의 등장은 또 다른 패러다임 전환을 가져왔다.

이렇게 빠르게 발전하는 AI 기술 속에서, 성능 평가 방법론도 함께 진화하고 있다. 전통적인 정확도, F1-점수(F1-Score)만으로는 부족하다. 개발된 AI 모델이 제품과 서비스에 장착되어 실생활 속으로 진입하기 위해서는, 단순히 예측이 얼마나 정확한지를 넘어 그 예측을 얼마나 빨리 수행할 수 있는지(추론 속도), 얼마나 적은 자원을 사용하는지(모델 크기 및 에너지 효율성), 예측의 근거를 사용자와 규제 기관에 설명할 수 있는지(설명 가능성)가 중요해졌다. 특히, 금융이나 채용과 같이 민감한 분야에서는 모델이 특정 인구 집단에 불리한 결정을 내리지 않도록 하는 공정성(Fairness)과 예기치 못한 입력에도 안정적으로 작동하는 안전성(Safety) 확보가 필수적인 평가 항목으로 자리 잡고 있다.

책의 구성

이 책에서는 다음과 같은 내용을 다룬다.

첫째, AI 성능 평가의 기초 개념부터 차근차근 설명한다. 혼동 행렬(Confusion Matrix)이 무엇인지, 진양성(True Positive)과 위음성(False Negative)이 실제로 어떤 의미를 갖는지, 왜 정확도만으로는 부족한지를 실제 사례를 통해 직관적으로 이해할 수 있도록 했다.

둘째, 분류, 회귀, 이미지 인식 등 주요 AI 태스크별로 적합한 평가 지표를 상세히 다룬다. 각 지표의 수학적 정의뿐만 아니라, 언제 어떤 지표를 사용해야 하는지, 각 지표의 장단점은 무엇인지를 실무적 관점에서 설명한다.

셋째, 의료, 제조, 금융, 패션 등 산업별로 실제 사용되는 AI 모델과 평가 방법을 구체적으로 소개한다. 예를 들어, 의료 영상 AI에서 왜 민감도가 특이도보다 중요할 수 있는지, 금융 AI에서 지니 계수(Gini coefficient)가 어떤 의미를 갖는지뿐만 아니라, 제조 공정에서의 실시간 처리 속도 평가, 패션 리테일 분야의 추천 시스템 전환율 평가 등 각 산업 현장의 목소리를 담았다.

넷째, 국책 연구 개발 제안서 작성 시 AI 모델 성능 지표를 어떻게 설정해야 하는지에 대한 실무 가이드를 제공한다. 평가 위원의 관점에서 어떤 제안서가 좋은 평가를 받는지, 흔히 저지르는 실수는 무엇인지를 알려 주며, 이를 통해 연구 개발의 성공 가능성을 높이고 경쟁력 있는 제안서를 작성하는 노하우를 제공하고자 했다.

이 책은 다음과 같은 분들에게 도움이 될 것이다.

AI 모델 개발자와 연구자는 자신이 개발한 모델의 성능을 객관적으로 평가하고, 개선 방향을 찾을 수 있다.

데이터 과학자와 머신러닝 엔지니어는 프로젝트 요구사항에 맞는 적절한 성능 평가 지표를 선택하고, 모델 성능을 효과적으로 조율할 수 있다.

비즈니스 리더와 의사 결정자는 AI 기술 도입 시 벤더가 제시하는 성능 수치를 비판적으로 해석하고, 올바른 의사 결정을 내릴 수 있다.

연구 개발 과제 제안자는 연구 개발 내용을 적정하고 객관적으로 평가할 수 있는 적절한 성능 평가 지표를 제시하고, 경쟁력 있는 제안서를 작성할 수 있다.

다만, 이 책에서 제시한 성능 평가 지표 외에도 새로운 AI 모델별로 종류도 다양하고 새로운 지표들도 꾸준히 나타나고 있다. 국책 연구 개발 과제를 제안하는 연구자 측면에서 보면 제시한 모든 성능 평가 지표를 연구 개발 계획서에 제시할 필요는 없다. 해당 연구가 목표로 하는 연구 개발 내용의 성공 여부를 증빙하기 위한 적정한 성능 평가 지표를 선택하여 사용하는 것이 중요하다.

완벽한 성능 평가 지표는 존재하지 않는다. 모든 성능 평가 지표는 현실의 일부만을 반영할 뿐이다. 중요한 것은 각 성능 지표의 한계를 인식하고, 목적에 맞는 성능 지표를 선택하며, 개발하는 AI 기술이 해결하고자 하는 것과 관련된 여러 성능 지표를 종합적으로 고려하는 것이다. 더 나아가, AI 모델의 성능은 한 번의 평가로 끝나지 않는다. 데이터 분포나 사용자 행동의 변화에 따라 성능은 언제든 저하될 수 있으므로, 배포 이후에도 지속적인 모니터링과 재평가를 통해 신뢰성을 유지하는 체계가 반드시 필요하다.

AI 기술이 우리 사회에 긍정적인 영향을 미치기 위해서는 신뢰할 수 있는 평가 체계는 필수적이다. 제대로 평가되지 않은 AI 기술은 잘못된 의사 결정으로 이어질 수 있고, 이로 인해 심각한 피해를 야기할 수 있다.

이 책을 통해 AI 모델 성능 평가에 대한 이해를 높이고, 시장에서 더 나은 AI 기술을 만드는 데 기여하고자 한다. AI의 성능을 제대로 평가할 수 있을 때, 우리는 AI를 더 잘 이해하고 활용할 수 있게 된다.

01

AI 모델 성능 평가 기초

AI 모델의 객관적 성능 평가는 신뢰할 수 있는 AI 시스템 구축의 기반이다. 딥러닝 기술 출현 후 급속하게 발전하는 다양한 AI 모델이 등장하면서, 각 모델의 강점과 한계를 정확히 파악하는 것이 더욱 중요해졌다. 이 장에서는 AI 모델 성능 평가의 기본 개념과 핵심 요소들을 체계적으로 살펴본다.

기후 위기와 인공지능?

AI 모델 성능 평가의 중요성과 목적

AI 모델을 개발하고 실제 환경에 적용하기 위해서는 그 성능을 정확하게 측정하고 평가하는 과정이 필수다. 성능 평가는 단순히 모델이 얼마나 '좋은지' 판단하는 것을 넘어, 모델의 강점과 약점을 파악하고 개선 방향을 제시하는 중요한 역할을 한다(Bishop, 2006).

AI 모델 성능 평가의 주요 목적은 다음과 같다. 첫째, 모델의 예측 정확도와 신뢰성을 정량적으로 측정한다. 이를 통해 모델이 실제 문제 해결에 적합한지 판단할 수 있다. 둘째, 여러 모델을 공정하게 비교하여 최적의 모델을 선택할 수 있는 기준을 제공한다. 셋째, 모델의 취약점을 발견하고 개선 방향을 도출한다. 넷째, 이해관계자들에게 모델의 성능을 객관적으로 전달할 수 있는 근거를 마련한다(Japkowicz & Shah, 2011).

특히 의료, 금융, 자율주행 등 높은 신뢰성이 요구되는 분야에서는 철저한 성능 평가가 더욱 중요하다. 잘못된 예측이 심각한 결과를 초래할 수 있기 때문이다. 예를 들어, 의료 진단 AI의 경우 질병을 놓치는 것(위음성)과 건강한 사람을 환자로 오진하는 것(위양성) 모두 심각한 문제가 될 수 있다.

성능 평가는 또한 AI 모델의 지속적인 개선을 위한 피드백 루프의 핵심 요소다. 평가 결과를 통해 데이터 품질, 모델 구조, 학습 방법 등을 개선할 수 있는 구체적인 인사이트를 얻을 수 있다. 이는 AI 시스템의 장기적인 성공을 위한 필수 과정이다(Goodfellow et al., 2016).

혼동 행렬의 개념과 구성 요소

혼동 행렬(Confusion Matrix)은 분류 모델의 성능을 평가하는 가장 기본적이면서도 강력한 도구다. 이진 분류 문제에서 혼동 행렬은 2×2 테이블 형태로 나타나며, 모델의 예측 결과와 실제 정답을 비교하여 네 가지 경우로 분류한다(Fawcett, 2006).

혼동 행렬의 구성 요소

혼동 행렬은 다음 네 가지 요소로 구성된다.

진양성(TP, True Positive): 실제로 양성이면서 모델도 양성으로 예측한 경우다. 예를 들어, 실제로 암 환자인 사람을 암 환자로 정확하게 진단한 경우가 여기에 해당한다. 이는 모델이 목표로 하는 대상을 정확히 식별한 성공 사례다.

진음성(TN, True Negative): 실제로 음성이면서 모델도 음성으로 예측한 경우다. 건강한 사람을 건강하다고 올바르게 판단한 것이다. 대부분의 경우에서 이 값이 가장 크게 나타나는 것이 정상이다.

위양성(FP, False Positive): 실제로는 음성인데 모델이 양성으로 잘못 예측한 경우다. 제1종 오류(Type I Error)라고도 하며, 없는 것을 있다고 판단하는 오류다. 스팸 필터에서는 정상 메일을 스팸으로 분류하는 경우가 이에 해당한다.

위음성(FN, False Negative): 실제로는 양성인데 모델이 음성으로 잘못 예측한 경우다. 제2종 오류(Type II Error)라고도 하며, 있는 것을 없다고 판단하는 오류다. 의료 진단에서는 환자를 건강한 사람으로 오진하는 매우 위험한 경우다.

이 테이블을 통해 모델이 어떤 종류의 오류를 얼마나 자주 범하는지 한눈에 파악할 수 있다. 대각선 요소(TP, TN)는 올바른 예측을, 비대각선 요소(FP, FN)는 잘못된 예측을 나타낸다.

혼동 행렬의 해석과 활용

혼동 행렬은 단순히 옳고 그름을 나타내는 것을 넘어, 오류의 종류와 패턴을 분석할 수 있게 해 준다. 예를 들어, FP가 많다면 모델이 너무 민감하게 반응하고 있음을,

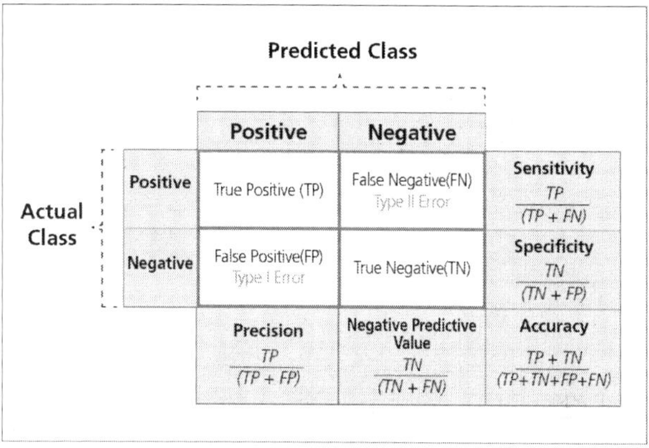

그림 1-1. 혼동 행렬의 구성 요소

FN이 많다면 모델이 너무 보수적으로 예측하고 있음을 의미한다(Sokolova & Lapalme, 2009).

실제 적용 분야에 따라 각 오류의 중요도는 다르다. 스팸 필터의 경우 정상 메일을 스팸으로 분류하는 FP가 스팸을 놓치는 FN보다 더 심각한 문제가 될 수 있다. 반면 암 진단에서는 실제 암 환자를 놓치는 FN이 훨씬 더 치명적이다.

혼동 행렬은 또한 클래스 불균형 문제를 파악하는 데도 유용하다. 만약 한 클래스의 샘플이 다른 클래스보다 훨씬 많다면, 단순히 정확도만으로는 모델의 실제 성능을 제대로 평가하기 어렵다. 혼동 행렬을 통해 각 클래스별 성능을 세부적으로 확인할 수 있다(He & Garcia, 2009).

다중 클래스 분류의 혼동 행렬

실제 문제에서는 이진 분류보다 다중 클래스 분류가 더 일반적이다. 예를 들어, 손 글씨 숫자 인식은 0부터 9까지 열 개의 클래스를 분류하는 문제다. 이 경우 혼동 행렬은 10×10 크기가 된다.

다중 클래스 혼동 행렬에서 대각선 요소는 각 클래스를 정확하게 예측한 경우를 나타내고, 비대각선 요소는 클래스 간 혼동을 보여 준다. 예를 들어, 숫자 인식에서 6과 9, 1과 7 사이의 혼동이 많다면, 이는 해당 숫자들의 시각적 유사성 때문임을 알 수 있다.

이러한 정보는 모델 개선에 중요한 단서를 제공한다. 특정 클래스 쌍 사이의 혼동이 많다면, 해당 클래스들을 구별하는 특징을 더 강화하거나, 해당 클래스의 학습 데이터를 보강하는 등의 대응이 가능하다.

기본 성능 평가 지표의 도출

혼동 행렬의 네 가지 요소를 조합하면 다양한 성능 평가 지표를 계산할 수 있다. 이러한 지표들은 각각 모델 성능의 다른 측면을 강조하며, 문제의 특성과 요구 사항에 따라 적절히 선택해야 한다(Davis & Goadrich, 2006).

정확도

정확도(Accuracy)는 가장 직관적인 평가 지표로, 전체 예측 중 올바른 예측의 비율을 나타낸다.

정확도 = (TP + TN) / (TP + TN + FP + FN)

정확도는 이해하기 쉽고 계산이 간단하다는 장점이 있다. 하지만 클래스 불균형이 심한 경우 오해의 소지가 있다. 예를 들어, 전체 데이터의 99%가 정상이고 1%만 비정상인 경우, 모든 데이터를 정상으로 예측하는 단순한 모델도 99%의 정확도를 달성할 수 있다(Chawla et al., 2002).

정밀도

정밀도(Precision)는 양성으로 예측한 것 중 실제로 양성인 비율을 나타낸다.

정밀도 = TP / (TP + FP)

정밀도는 위양성을 최소화하는 것이 중요한 상황에서 주로 사용된다. 스팸 필터나 추천 시스템 등에서 사용자에게 잘못된 정보를 제공하지 않는 것이 중요할 때 정밀도를 중시한다(Powers, 2011). 의료 분야에서도 건강한 사람을 환자로 오진하는 것을 피하고자 할 때 정밀도가 중요한 지표가 된다.

재현율 또는 민감도

재현율(Recall)은 실제 양성 중 모델이 양성으로 올바르게 예측한 비율을 나타낸다.

재현율 = TP / (TP + FN)

재현율은 위음성을 최소화하는 것이 중요한 상황에서 사용된다. 의료 진단이나 보안 시스템처럼 실제 문제를 놓치면 안 되는 경우 재현율이 중요한 지표가 된다. 암 진단이나 보안 시스템에서는 실제 위험을 놓치는 것이 치명적일 수 있으므로, 높은 재현율이 필수다. 예를 들어, 공항 보안 검색에서는 일부 정상 승객이 추가 검사를 받는 불편함이 있더라도, 실제 위험 요소를 놓치지 않는 것이 더 중요하다(Powers, 2011).

특이도

특이도(Specificity)는 실제 음성 중 모델이 음성으로 올바르게 예측한 비율을 나타낸다.

특이도 = TN / (TN + FP)

특이도는 재현율과 상호 보완적인 관계이며, 음성 클래스를 정확하게 식별하는 능력을 측정한다. 의료 검사에서 건강한 사람을 건강하다고 판단하는 능력을 평가하거나, 제조 공정에서 정상 제품을 정상으로 판별하는 능력을 평가할 때 중요하다.

F1 - 점수

F1 - 점수(F1-Score)는 정밀도와 재현율의 조화 평균으로, 두 지표 사이의 균형을 나타낸다.

F1 = 2 × (정밀도 × 재현율) / (정밀도 + 재현율)

F1 점수는 정밀도와 재현율 중 하나가 극단적으로 낮으면 전체 점수도 낮아지는 특성이 있다. 따라서 두 지표의 균형이 중요한 경우에 유용하다.

평가 지표 선택의 기준

어떤 평가 지표를 사용할지는 문제의 특성과 비즈니스 요구 사항에 따라 결정된다. 의료 진단처럼 놓치면 안 되는 경우는 재현율을, 스팸 필터처럼 오탐이 문제가 되는 경우는 정밀도를 중시한다. 균형이 중요하다면 F1 - 점수를 사용하고, 전반적인 성능을 간단히 표현하고 싶다면 정확도를 사용할 수 있다.

평가 프레임워크와 기본 용어

교차 검증

교차 검증(Cross-Validation)은 제한된 데이터를 효율적으로 활용하여 모델의 일반화 성능을 평가하는 방법이다. 가장 널리 사용되는 K-겹 교차 검증(K-Fold Cross-Validation)은 데이터를 K개의 부분집합으로 나누고, K번의 학습과 평가를 반복한다.

각 반복에서 하나의 부분집합을 테스트 세트로, 나머지를 학습 세트로 사용한다. 최종 성능은 K번의 평가 결과를 평균하여 계산한다. 이 방법은 모든 데이터를 학습과 평가에 활용할 수 있고, 성능 추정의 분산을 줄일 수 있다는 장점이 있다.

과적합과 과소적합

과적합(Overfitting)은 모델이 학습 데이터에 지나치게

맞춰져 새로운 데이터에 대한 일반화 성능이 떨어지는 현상이다. 학습 데이터에서는 높은 성능을 보이지만 테스트 데이터에서는 성능이 크게 하락한다.

반대로 과소적합(Underfitting)은 모델이 너무 단순하여 데이터의 패턴을 제대로 학습하지 못하는 현상이다. 학습 데이터와 테스트 데이터 모두에서 낮은 성능을 보인다.

성능 평가를 통해 이러한 문제를 조기에 발견하고, 모델 복잡도 조절, 정규화, 데이터 증강 등의 방법으로 해결할 수 있다.

베이스라인

베이스라인(Baseline)은 개발한 모델의 성능을 비교할 수 있는 기준점이다. 단순한 규칙 기반 방법이나 기존의 표준 모델을 베이스라인으로 설정하여, 새로운 모델이 실제로 개선된 성능을 보이는지 판단한다. 베이스라인 없이는 모델의 절대적인 성능을 평가하기 어렵다.

앙상블

앙상블(Ensemble)은 여러 모델의 예측을 결합하여 더 나은 성능을 얻는 방법을 가리킨다. 개별 모델의 약점을 서로 보완하여 전체적으로 더 안정적이고 정확한 예측을 할 수 있다. 앙상블 방법을 사용할 때는 개별 모델과 앙상블 모델의 성능을 모두 평가해야 한다(Dietterich, 2000). 즉, 앙상블은 다양한 AI 모델을 결합하는 것이라 특정한 모델 형태를 가지고 있지 않다.

벤치마크

벤치마크(Benchmark)는 AI 모델의 성능을 객관적으로 평가하고 비교하기 위해 사용되는 표준화된 데이터 세트, 작업, 평가 지표의 집합이다. 이미지넷(ImageNet), 엠니스트(MNIST), 글루(GLUE) 등이 대표적인 예다. 벤치마크를 통해 서로 다른 연구자들이 개발한 모델을 공정하게 비교할 수 있다.

성능 평가를 위한 기본 테스트 세트 전략

데이터 분할의 원칙

AI 모델의 일반화 성능을 정확히 평가하기 위해서는 데이터를 적절히 분할하는 것이 중요하다. 일반적으로 전체 데이터는 다음과 같이 세 부분으로 나뉜다.

학습 세트(Training Set): 전체 데이터의 60~70%를

차지하며, 모델의 파라미터를 학습하는 데 사용된다. 모델은 이 데이터를 통해 패턴을 학습한다.

검증 세트(Validation Set): 전체 데이터의 15~20%를 차지하며, 하이퍼 파라미터 튜닝과 모델 선택에 사용된다. 학습 중 과적합을 모니터링하는 역할도 한다.

테스트 세트(Test Set): 전체 데이터의 15~20%를 차지하며, 최종 모델의 성능을 평가하는 데 사용된다. 모델 개발 과정에서는 사용하지 않아야 한다.

계층화 샘플링

클래스 불균형이 심한 경우, 단순 무작위 분할은 특정 클래스가 테스트 세트에 포함되지 않는 문제를 일으킬 수 있다. 계층화 샘플링(Stratified Sampling)은 각 클래스의 비율을 유지하면서 데이터를 분할하는 방법이다.

예를 들어, 희귀 질병 진단에서 환자가 전체의 1%인 경우, 계층화 샘플링을 통해 학습, 검증, 테스트 세트 모두에 1%의 환자 데이터가 포함되도록 보장한다. 이는 평가의 신뢰성을 향상한다.

시계열 데이터의 특별한 고려 사항

수가 예측, 날씨 예보 등 시계열 데이터는 시간적 순서가 중요하므로 무작위 분할을 사용할 수 없다. 대신 시간 기반 분할을 사용하여, 과거 데이터로 학습하고 미래 데이터로 평가한다.

롤링 윈도 검증(Rolling Window Validation)은 시간 창을 이동시키면서 반복적으로 학습하고 평가하는 방법이다. 마치 창문을 조금씩 옆으로 밀면서 바깥 풍경을 관찰하는 것과 비슷하다. 이를 통해 모델의 시간에 따른 성능 변화를 추적할 수 있다.

데이터 누출 방지

데이터 누출(Data Leakage)은 테스트 데이터의 정보가 학습 과정에 포함되는 심각한 문제다. 이는 모델의 성능을 과대평가하게 만들어 실제 운영 환경에서 예상치 못한 성능 저하를 일으킨다.

일반적인 데이터 누출 사례는 다음과 같다. 전체 데이터로 정규화한 후 분할하는 경우, 시계열 데이터에서 미래 정보가 포함되는 경우, 중복 데이터가 학습과 테스트 세트에 모두 포함되는 경우 등이다. 이를 방지하기 위해서는 데이터 전처리 파이프라인을 신중히 설계해야 한다.

테스트 세트의 대표성 확보

테스트 세트는 실제 운영 환경을 충실히 반영해야 한다. 예를 들어, 의료 AI의 경우 다양한 병원, 장비, 인구 집단의 데이터를 포함해야 한다. 자율주행 AI는 다양한 날씨, 시간대, 도로 조건을 고려해야 한다.

또한, 에지 케이스(Edge Case)와 이상 상황도 의도적으로 포함해야 한다. 에지 케이스는 일반적이지 않은 극단적이거나 경계선상의 상황을 의미한다. '정상적인' 데이터 분포의 가장자리(edge)에 위치한 특수한 경우들을 가리킨다. 정상적인 상황에서만 잘 작동하는 AI는 실제 환경에서 위험할 수 있다.

합성 데이터의 활용

실제 데이터가 부족하거나 특정 시나리오를 테스트하기 어려울 때는 합성 데이터를 활용할 수 있다. 데이터 증강(Data Augmentation)은 기존 데이터를 변형하여 새로운 학습 데이터를 생성하는 방법이다.

이미지의 경우 회전, 이동, 크기 변경 등을 적용하고, 텍스트의 경우 동의어 치환, 역번역 등을 사용한다. 하지만 합성 데이터는 실제 데이터의 보완재일 뿐이며, 최종 평가는 반드시 실제 데이터로 수행해야 한다.

지속적인 평가와 모니터링

AI 모델의 성능은 시간이 지나면서 변할 수 있다. 데이터 분포의 변화(Data Drift), 사용자 행동의 변화, 외부 환경의 변화 등이 원인이 된다. 따라서 일회성 평가가 아닌 지속적인 모니터링이 필요하다.

정기적으로 새로운 테스트 데이터를 수집하고, 성능 지표를 추적하며, 성능 저하가 감지되면 모델을 재학습하거나 업데이트해야 한다. 이를 위해 자동화된 평가 파이프라인을 구축하는 것이 효과적이다.

참고문헌

Bishop, C. M.(2006). *Pattern recognition and machine learning*. Springer.

Chawla, N. V. et al.(2002). SMOTE: Synthetic minority over-sampling technique. *Journal of Artificial Intelligence Research, 16*, pp.321~357.

Davis, J. & Goadrich, M.(2006). The relationship between Precision-Recall and ROC curves. *Proceedings of the 23rd International Conference on Machine Learning*, pp.233~240.

Dietterich, T. G.(2000). Ensemble methods in machine learning. *International Workshop on Multiple Classifier Systems*, pp.1~15.

Fawcett, T.(2006). An introduction to ROC analysis. *Pattern*

Recognition Letters, 27(8), pp.861~874.

Goodfellow, I. et al.(2016). *Deep learning*. MIT Press.

He, H. & Garcia, E. A.(2009). Learning from imbalanced data. *IEEE Transactions on Knowledge and Data Engineering, 21*(9), pp.1263~1284.

Japkowicz, N. & Shah, M.(2011). *Evaluating learning algorithms: A classification perspective*. Cambridge University Press.

Powers, D.(2011). Evaluation: From precision, recall and F-measure to ROC, informedness, markedness and correlation. *Journal of Machine Learning Technologies, 2*(1), pp.37~63.

Sokolova, M. & Lapalme, G.(2009). A systematic analysis of performance measures for classification tasks. *Information Processing & Management, 45*(4), pp.427~437.

02
분류 모델의 성능 평가

AI 모델 유형 중 분류 모델은 딥러닝에서 가장 널리 이용되는 것 중 하나다. 의료 진단에서 환자의 질병 유무를 판단하거나, 금융에서 대출 승인 여부를 결정하고, 제조업에서 불량품을 검출하는 등 다양한 산업 분야에서 중요한 의사 결정을 지원한다. 하지만 단순히 '정확도'만으로 모델의 성능을 평가하는 것은 위험하다. 특히 데이터가 불균형하거나 오분류의 비용이 크게 다른 경우, 더 정교한 평가 지표들이 필요하다.

노래하는 AI 보컬?

기본 분류 성능 지표

기본 분류 성능 지표에는 1장에서 설명한, 혼동 행렬에서 사용되는 정확도, 정밀도, 재현율(민감도), 특이도, F1-점수 등이 있다.

고급 분류 성능 지표

ROC 곡선과 AUC

ROC(Receiver Operating Characteristic) 곡선은 다양한 임곗값에서 재현율(민감도)과 위양성률(1-특이도)의 관계를 나타낸다. x축은 위양성률, y축은 재현율을 나타내며, 곡선이 왼쪽 위 모서리에 가까울수록 좋은 성능을 의미한다.

AUC(Area Under the Curve)는 ROC 곡선 아래의 면적으로, 0.5와 1 사이의 값을 가진다. AUC가 0.5라면 무작위 추측과 동일한 성능을, 1이라면 완벽한 분류 성능을 의미한다. 일반적으로 AUC가 0.7 이상이면 수용 가능한 성능, 0.8 이상이면 좋은 성능, 0.9 이상이면 뛰어난 성능으로 평가된다(Fawcett, 2006).

AUC의 장점은 임곗값 선택에 독립적이라는 것이다. 모델의 전반적인 분류 능력을 하나의 수치로 요약할 수

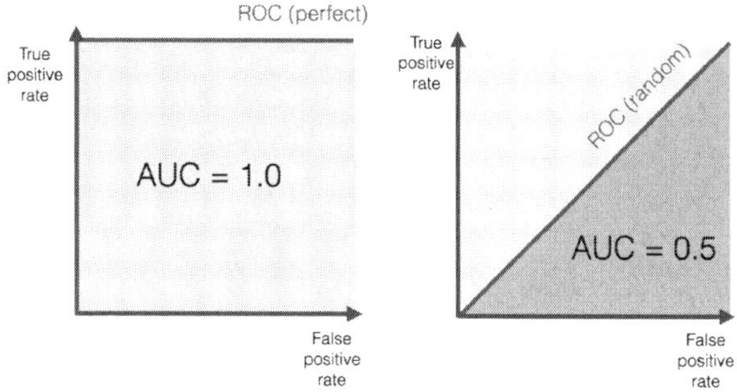

그림 2-1. ROC 곡선과 AUC

있어 모델 간 비교가 용이하다. 하지만 클래스 불균형이 심한 경우에는 AUC가 과도하게 낙관적일 수 있다는 한계가 있다.

극단적인 '완벽한' 모델과 '무작위' 모델의 예를 들어 보면, AUC-ROC 점수를 계산하는 것은 간단하다. 완벽한 시나리오에서는 정사각형 면적을 측정하게 되므로 AUC-ROC는 1이 된다. 무작위 시나리오에서는 정확히 절반이 되어 AUC-ROC는 0.5가 되는 것이다.

PR 곡선과 평균 정밀도

정밀도-재현율(PR, Precision-Recall) 곡선은 다양한 임

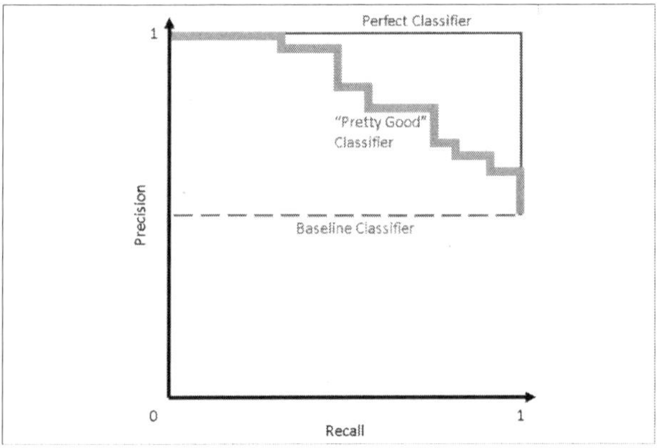

그림 2-2. PR 곡선과 평균 정밀도

곗값에서 정밀도와 재현율의 관계를 보여 준다. PR 곡선은 특히 클래스 불균형이 심한 데이터 세트에서 ROC 곡선보다 더 유용한 정보를 제공한다.

평균 정밀도(AP, Average Precision)는 PR 곡선 아래의 면적을 나타내며, 0과 1 사이의 값을 가진다. 1에 가까울수록 모델의 성능이 우수함을 의미한다. 클래스 불균형이 심한 경우, AUC-ROC보다 AP가 더 민감하게 반응하여 모델의 실제 성능을 잘 반영한다(Davis & Goadrich, 2006).

위의 곡선에서 회색 점선은 '기준선(baseline)' 분류기를 나타낸다. 이 분류기는 단순히 모든 인스턴스가 양성 클래스에 속한다고 예측한다. 보라색 선은 이상적인 분류기를 나타낸다. 모든 임곗값에서 완벽한 정밀도와 재현율을 가진 분류기다. 거의 모든 실제 예시들은 이 두 선 사이 어딘가에 위치한다. 완벽하지는 않지만 '기준선' 보다는 더 나은 예측을 제공한다. 좋은 분류기는 그래프 전체에 걸쳐 높은 정밀도와 높은 재현율을 모두 유지하며, 그림에서 오른쪽 위 모서리를 '감싸는(hug)' 형태로 나타난다.

다중 클래스 분류 평가

다중 클래스 분류에서는 N×N 크기의 혼동 행렬이 생성되며, 여기서 N은 클래스의 수다. 대각선 요소는 올바르게 분류된 샘플을 나타내고, 비대각선 요소는 오분류를 나타낸다.

일대다 접근법

다중 클래스에서 각 클래스별 성능 지표를 계산할 때는 일대다(One-vs-Rest) 접근법을 사용한다. 특정 클래스를 양성으로, 나머지 모든 클래스를 음성으로 간주하여 이진 분류 지표를 계산한다.

매크로 평균과 마이크로 평균

다중 클래스 분류에서는 전체 성능을 하나의 수치로 요약하기 위해 매크로(Macro) 평균과 마이크로(Micro) 평균을 사용한다.

매크로 평균은 각 클래스별로 지표를 계산한 후 평균을 낸다. 모든 클래스를 동등하게 취급하므로, 소수 클래스의 성능도 동일한 가중치로 반영된다. 클래스 불균형이 있을 때 전체적인 성능을 공정하게 평가할 수 있다.

마이크로 평균은 모든 샘플을 합쳐서 전체적으로 지표를 계산한다. 샘플 수가 많은 클래스의 영향을 더 크게 받으므로, 전체 정확도와 유사한 결과를 보인다.

가중 평균은 각 클래스의 샘플 수에 비례하여 가중치를 부여한 평균이다. 클래스별 중요도가 샘플 수에 비례한다고 가정할 때 유용하다.

불균형 데이터 세트에서의 평가 전략

클래스 불균형 문제의 이해

실제 데이터에서는 클래스 간 샘플 수가 크게 차이 나는 경우가 많다. 신용카드 사기 탐지에서 사기 거래는 전체의 0.1% 미만인 경우가 대부분이다. 이런 상황에서 정확도만으로는 모델의 실제 성능을 제대로 평가할 수 없다.

대안적 성능 평가 지표

클래스 불균형이 심한 경우에는 매슈스 상관계수(MCC, Matthews Correlation Coefficient)나 균형 정확도(Balanced Accuracy) 같은 대안적 지표들을 고려해야 한다.

MCC는 (TP×TN - FP×FN) / √((TP+FP)(TP+FN)(TN+FP)(TN+FN))로 계산되며, -1과 1 사이의 값을 가진다. 1은 완벽한 예측, 0은 무작위 예측, -1은 완전히 반대의 예측을 의미한다. MCC는 클래스 불균형에 강건하며, 네 가지 혼동 행렬 요소를 모두 고려한다(Chicco & Jurman, 2020).

균형 정확도는 (민감도 + 특이도) / 2로 계산되며, 각 클래스의 정확도를 동등하게 고려한다. 클래스 불균형 상황에서도 공정한 평가가 가능하다는 장점이 있다.

비용 민감 평가

실제 응용에서는 오분류의 비용이 동일하지 않은 경우

가 많다. 신용카드 사기 탐지에서 사기를 놓치는 비용(FN)이 정상 거래를 사기로 오판하는 비용(FP)보다 훨씬 크다. 이런 경우 비용 행렬을 정의하고 기대 비용을 최소화하는 방향으로 평가해야 한다.

확률적 예측의 평가

많은 분류 모델은 클래스 레이블뿐만 아니라 확률값도 출력한다. 이런 확률적 예측의 품질을 평가하는 지표로는 브라이어 점수(Brier Score)와 로그 손실(Log Loss)이 있다.

브라이어 점수는 예측 확률과 실제 레이블 간의 평균 제곱 오차로, 0에 가까울수록 좋은 성능을 나타낸다. 로그 손실은 잘못된 확신에 대해 큰 페널티를 부여하므로, 확률 보정이 중요한 응용에서 유용하다.

분류 모델 성능 평가 테스트 세트 및 벤치마크

표준 벤치마크 데이터 세트

분류 모델의 성능을 객관적으로 평가하고 비교하기 위해서는 표준화된 벤치마크 데이터 세트가 필요하다. 엠니스트(MNIST), CIFAR-10, 이미지넷(ImageNet) 등은 이미지 분류의 대표적인 벤치마크다. 텍스트 분류에서는 IMDB 영화 리뷰, 20 뉴스그룹(Newsgroups) 등이 널리 사용된다.

교차 검증

제한된 데이터로 신뢰할 수 있는 성능 평가를 하기 위해 교차 검증(Cross-Validation)을 활용한다. k-겹 교차 검증은 데이터를 k개의 부분집합으로 나누고, 각 부분집합을 차례로 테스트 세트로 사용하여 k번의 학습과 평가를 수행한다. 일반적으로 5-겹 또는 10-겹 교차 검증이 사용된다.

계층적 k-겹 교차 검증(Stratified k-fold Cross-Validation)은 각 겹에서 클래스 비율을 유지하도록 데이터를 분할한다. 클래스 불균형이 있는 경우 특히 중요하다.

시간적 분할(Temporal Split)

시계열 데이터나 시간에 따라 변화하는 데이터의 경우, 무작위 분할 대신 시간순으로 분할해야 한다. 과거 데이터로 학습하고 미래 데이터로 평가하는 것이 실제 운영 환경을 더 잘 반영한다.

참고문헌

Chicco, D. & Jurman, G.(2020). The advantages of the Matthews correlation coefficient(MCC) over F1 score and accuracy in binary classification evaluation. *BMC Genomics, 21*(1), pp.1~13.

Davis, J. & Goadrich, M.(2006). The relationship between precision-recall and ROC curves. *Proceedings of the 23rd International Conference on Machine Learning*, pp.233~240.

Fawcett, T.(2006). An introduction to ROC analysis. *Pattern Recognition Letters, 27*(8), pp.861~874.

Powers, D.(2011). Evaluation: From precision, recall and F-measure to ROC, informedness, markedness and correlation. *Journal of Machine Learning Technologies, 2*(1), pp.37~63.

Sokolova, M. & Lapalme, G.(2009). A systematic analysis of performance measures for classification tasks. *Information Processing & Management, 45*(4), pp.427~437.

03
회귀 및 순위 모델 성능 평가

AI 모델 중 회귀 모델과 순위 모델은 각각 연속적인 값을 예측하거나 항목들의 순서를 결정하는 작업을 수행하므로, 각 작업의 특성에 맞는 적절한 평가 지표를 선택하는 것이 중요하다. 이 장에서는 회귀 및 순위 모델의 주요 성능 평가 지표들을 살펴보고, 각 지표의 특성과 적용 상황에 대해 알아본다.

인공지능과 편향?

회귀 모델 성능 평가 지표의 이해

회귀 모델은 연속적인 수치를 예측하는 작업을 수행한다. 주택 가격 예측, 판매량 예측, 기온 예측 등이 대표적인 예다. 이러한 모델의 성능을 평가하기 위해서는 예측값과 실젯값 간의 차이를 측정하는 다양한 지표들이 사용된다(Hastie et al., 2009).

평균 절대 오차

MAE(Mean Absolute Error, 평균 절대 오차)는 가장 직관적인 회귀 평가 지표 중 하나다. 예측값과 실젯값 간의 절대 차이의 평균을 계산한다.

수식은 MAE = (1/n) × Σ | yi - ŷi | 로 표현된다. 여기서 yi는 실젯값, ŷi는 예측값, n은 데이터 포인트의 개수를 나타낸다.

MAE의 주요 특징은 오류의 크기를 직접적으로 나타내므로 해석이 용이하다는 점이다. 또한 이상치(outlier)에 상대적으로 강건하며, 대상 변수와 동일한 단위를 가진다(James et al., 2013). 예를 들어 판매 예측에서 MAE가 5000원이라면, 모델의 예측이 평균적으로 5000원 정도 벗어난다는 의미다. 이는 비즈니스 관점에서 직관적으로 이해할 수 있는 지표다.

그러나 MAE는 절댓값을 사용하므로 미분이 불가능한 지점이 존재하여 경사하강법 같은 최적화 알고리즘에서 문제가 될 수 있다. 또한 큰 오차와 작은 오차를 동일하게 취급하므로, 큰 오차에 민감한 상황에서는 적절하지 않을 수 있다.

평균 제곱 오차

MSE(Mean Squared Error, 평균 제곱 오차)는 예측값과 실젯값 간 차이의 제곱 평균을 계산한다.

수식은 $MSE = (1/n) \times \Sigma(yi - \hat{y}i)^2$로 표현된다.

MSE의 가장 큰 특징은 큰 오차에 더 많은 페널티를 부여한다는 점이다. 예측이 10만큼 벗어나면 100의 페널티를, 100만큼 벗어나면 10000의 페널티를 받는다. 이는 큰 오차를 특히 피해야 하는 상황에서 유용하다. 또한 모든 점에서 미분 가능하여 수학적 최적화에 유리하다.

하지만 MSE는 단위가 제곱되어 해석이 어렵다는 단점이 있다. 예를 들어 가격 예측에서 MSE가 25000000원^{2}이라고 해도 이것이 실제로 어느 정도의 오차를 의미하는지 직관적으로 파악하기 어렵다. 또한 이상치에 매우 민감하여, 몇 개의 극단적인 예측 오류가 전체 평가를 좌우할 수 있다.

평균 제곱근 오차

RMSE(Root Mean Squared Error, 평균 제곱근 오차)는 MSE의 제곱근으로, 원래 데이터와 같은 단위로 환원한다.

수식은 $RMSE = \sqrt{[(1/n) \times \Sigma(yi - \hat{y}i)^2]}$로 표현된다.

RMSE는 MSE의 장점을 유지하면서 해석 가능성을 개선한 지표다. 원래 데이터와 같은 단위를 가지므로 직관적으로 이해하기 쉽다. 또한 큰 오차에 더 많은 가중치를 부여하는 MSE의 특성을 그대로 유지한다(Chai & Draxler, 2014).

RMSE는 정규분포를 따르는 오차에 대해 통계적으로 의미 있는 해석이 가능하다. 약 68%의 예측이 ±RMSE 범위 내에 있을 것으로 기대할 수 있다. 그러나 여전히 이상치에 민감하며, MAE보다 해석이 덜 직관적일 수 있다.

평균 절대 백분율 오차

MAPE(Mean Absolute Percentage Error, 평균 절대 백분율 오차)는 오차를 실젯값의 백분율로 표현한다.

수식은 $MAPE = (100/n) \times \Sigma|yi - \hat{y}i|/|yi|$로 표현된다.

MAPE의 가장 큰 장점은 스케일에 독립적이라는 점이다. 서로 다른 규모의 데이터 세트나 변수들 간의 예측 성능을 직접 비교할 수 있다. 예를 들어 주택 가격 예측(단위: 억 원)과 주식 가격 예측(단위: 천 원)의 성능을 MAPE로는 공정하게 비교할 수 있다.

하지만 실젯값이 0에 가까울 때 MAPE가 폭발적으로 증가하거나 정의되지 않는 문제가 있다. 또한 과소 예측과 과대 예측에 대해 비대칭적인 페널티를 부여한다. 실젯값이 100일 때 50으로 예측하면 50% 오차지만, 150으로 예측해도 50% 오차가 된다. 이러한 비대칭성은 특정 상황에서 왜곡된 평가를 초래할 수 있다(Hyndman & Koehler, 2006).

결정계수

R^2(R-squared, 결정계수)는 모델이 데이터의 변동성을 얼마나 잘 설명하는지를 나타낸다.

수식은 $R^2 = 1 - [\Sigma(yi - \hat{y}i)^2 / \Sigma(yi - \bar{y})^2]$로 표현되며, 여기서 $\bar{y}$는 실젯값의 평균이다.

R^2는 0과 1 사이의 값을 가지며, 1에 가까울수록 모델이 데이터를 잘 설명한다. 0.8의 R^2는 모델이 종속변수 변동성의 80%를 설명한다는 의미다. 이는 모델의 설명

력을 직관적으로 나타내는 유용한 지표다.

그러나 R^2는 독립변수가 증가하면 항상 증가하거나 유지되는 특성이 있어, 과적합을 조장할 수 있다. 이를 보완하기 위해 조정된 R^2(Adjusted R^2)를 사용한다. 조정된 R^2는 변수의 개수에 대한 페널티를 부여하여 불필요한 변수 추가를 억제한다. 또한 R^2는 비선형 관계나 이상치에 민감하며, 예측 정확도를 직접적으로 나타내지는 않는다.

순위 모델 성능 평가 지표

순위 모델은 항목들의 상대적 순서를 예측하는 작업을 수행한다. 검색 엔진, 추천 시스템, 정보 검색 등에서 널리 사용된다(Manning et al., 2008; Liu, 2009).

Precision@k와 Recall@k

프리시전@k(Precision@k)와 리콜@k(Recall@k)는 상위 k개 결과의 품질을 평가하는 기본적인 지표다(Baeza-Yates & Ribeiro-Neto, 2011).

프리시전@k는 상위 k개 중 관련 항목 수를 k로 나눈 값이다. 리콜@k는 상위 k개 중 관련 항목 수를 전체 관련 항목 수로 나눈 값이다.

전자 상거래 상품 추천에서는 사용자에게 보여 주는 상위 10개 상품 중 실제로 관심 있을 만한 상품의 비율을 측정한다. 뉴스 추천 시스템에서는 첫 페이지에 표시되는 기사들의 관련성을 평가한다.

프리시전@k는 사용자가 실제로 볼 가능성이 높은 상위 결과의 품질에 집중한다. 검색 엔진에서는 보통 첫 페이지의 결과만 보므로 프리시전@텐(Precision@10)이 중요하다. 리콜@k는 전체 관련 항목을 얼마나 포괄하는지를 측정하므로, 완전성이 중요한 경우에 유용하다.

평균 정밀도

mAP(Mean Average Precision, 평균 정밀도)는 전체 순위 목록에서 관련 항목들의 위치를 종합적으로 평가한다(Voorhees, 1999).

각 관련 항목이 나타나는 위치에서의 정밀도를 계산하고, 이를 평균한다. 예를 들어 관련 항목이 1위, 3위, 5위에 있다면, 각 위치에서의 정밀도 1/1, 2/3, 3/5를 평균하여 (1 + 0.67 + 0.6) / 3 = 0.76이 된다.

mAP는 관련 항목이 상위에 집중될수록 높은 점수를 부여한다. 이는 사용자가 순위 목록을 위에서부터 순차적으로 본다는 가정에 부합한다. 정보 검색 시스템의 표준 평가 지표로 널리 사용되며, 전체적인 순위 품질을 하나의 숫자로 요약한다.

하지만 이진 관련성(관련/비관련)만 고려하므로, 관련성의 정도를 반영하지 못한다. 또한 모든 쿼리에 대해 동일한 가중치를 부여하므로, 중요한 쿼리와 그렇지 않은 쿼리를 구분하지 못한다.

정규화 할인 누적 이득

nDCG(Normalized Discounted Cumulative Gain, 정규화 할인 누적 이득)는 순위에 따른 할인과 다단계 관련성을 모두 고려하는 정교한 지표다(Jarvelin & Kekalainen, 2002).

먼저 DCG(Discounted Cumulative Gain)를 계산한다. DCG = Σ[rel(i) / $\log_2$(i+1)]로, 여기서 rel(i)는 i번째 항목의 관련성 점수다. 이를 이상적인 순서의 DCG(IDCG)로 나누어 정규화한다.

nDCG의 핵심은 두 가지다. 첫째, 하위 순위로 갈수록 로그 할인을 적용하여 상위 순위의 중요성을 강조한다. 둘째, 다단계 관련성(예: 매우 관련/보통 관련/약간 관련/무관)을 처리할 수 있다.

예를 들어 영화 추천에서 5점 척도의 평점을 관련성으

로 사용할 수 있다. 사용자가 5점을 줄 만한 영화가 상위에 있을수록 높은 nDCG를 받는다. 이는 단순한 이진 관련성보다 현실적인 평가를 가능하게 한다.

nDCG는 0과 1 사이의 값으로 정규화되어 서로 다른 쿼리나 시스템 간 비교가 용이하다. 또한 불완전한 판단 데이터에도 적용 가능하여 실무에서 유용하다. 하지만 계산이 복잡하고, 관련성 점수 체계 설계가 결과에 큰 영향을 미친다.

평균 역순위

MRR(Mean Reciprocal Rank, 평균 역순위)은 각 쿼리에 대해 첫 번째 관련 항목의 순위에 초점을 맞춘다.

수식은 MRR = (1/|Q|) × Σ(1/rank_i)로, 여기서 rank_i는 i번째 쿼리의 첫 관련 항목 순위다.

MRR은 사용자가 첫 번째 정답만 필요한 경우에 적합하다. 질의응답 시스템에서 정답이 3위에 있으면 1/3의 점수를, 1위에 있으면 1의 점수를 받는다. 이는 '정답을 빨리 찾는 것'이 중요한 태스크에 적절하다.

MRR은 웹 검색에서 내비게이션 쿼리(특정 웹사이트를 찾는 쿼리)의 평가에 자주 사용된다. 사용자가 '페이스북'을 검색했을 때 facebook.com이 몇 번째에 나오는

지가 중요하다. MRR은 단순하고 해석이 쉬우며, 계산이 빠르다는 장점이 있다.

하지만 첫 번째 관련 항목만 고려하므로 전체적인 순위 품질을 반영하지 못한다. 또한 여러 개의 정답이 필요한 경우나 관련성의 정도가 다양한 경우에는 적합하지 않다.

이상치 처리와 성능 평가 지표 선택 가이드

실제 데이터에는 종종 이상치가 포함되어 있으며, 이는 모델 평가에 큰 영향을 미칠 수 있다. 따라서 적절한 이상치 처리와 상황에 맞는 평가 지표 선택이 중요하다.

이상치가 평가 지표에 미치는 영향

이상치는 평가 지표마다 다른 영향을 미친다. MSE와 RMSE는 제곱 오차를 사용하므로 이상치에 매우 민감하다. 하나의 극단적인 예측 오류가 전체 평가를 왜곡할 수 있다. 반면 MAE는 절대오차를 사용하므로 상대적으로 강건하다.

예를 들어 주택 가격 예측에서 대부분의 예측 오차가 1000만 원 내외인데, 한 건의 예측이 10억 원 벗어났다고 가정하자. 이 경우 RMSE는 크게 증가하지만 MAE는 상대적으로 적게 영향을 받는다. MAPE는 실젯값이 작을 때 극단적으로 커질 수 있어, 또 다른 형태의 이상치 민감성을 보인다.

이상치 탐지 및 처리 방법

이상치 탐지에는 여러 방법이 있다. 통계적 방법으로는 Z-점수(평균에서 3 표준편차 이상 떨어진 값)나 IQR(Interquartile Range, 사분범위) 방법을 사용한다. 시각적 방법으로는 박스 플롯이나 산점도를 활용한다.

도메인 지식을 활용한 이상치 탐지도 중요하다. 예를 들어 부동산 데이터에서 평당 가격이 비정상적으로 낮거나 높은 경우, 데이터 입력 오류일 가능성이 크다. 이러한 도메인 특화 규칙을 적용하여 이상치를 식별할 수 있다.

이상치 처리 방법은 상황에 따라 다르다. 명백한 오류는 제거하거나 수정한다. 실제 극단값은 유지하되, 강건한 평가 지표를 사용한다. 윈저화(Winsorization)나 트리밍(Trimming)으로 극단값의 영향을 제한할 수도 있다. 중요한 것은 이상치 처리가 모델의 실제 성능을 왜곡하지 않도록 주의하는 것이다.

상황별 평가 지표 선택 가이드

평가 지표 선택은 문제의 특성과 비즈니스 요구 사항에 따라 달라진다.

이상치가 중요한 경우: 금융 리스크 예측처럼 극단적인 손실을 피해야 하는 경우 RMSE를 사용한다. 큰 오차에 더 많은 페널티를 부여하므로 극단적인 예측 실패를 방지하는 데 도움이 된다.

강건성이 필요한 경우: 센서 데이터처럼 노이즈가 많은 환경에서는 MAE를 사용한다. 이상치에 덜 민감하므로 안정적인 평가가 가능하다.

상대적 비교가 필요한 경우: 서로 다른 스케일의 변수를 비교하거나 여러 프로젝트의 예측 성능을 비교할 때는 MAPE를 사용한다. 단, 실젯값이 0에 가까운 경우는 제외한다.

모델의 설명력이 중요한 경우: 학술 연구나 모델 비교에서는 R^2를 사용한다. 변수가 많은 경우 조정된 R^2를 사용하여 과적합을 방지한다.

순위 예측의 경우: 검색 엔진은 프리시전@k와 nDCG를, 추천 시스템은 mAP와 nDCG를, 질의응답 시스템은 MRR을 주로 사용한다.

복합 지표 활용

하나의 지표만으로는 모델 성능을 완전히 평가하기 어렵다. 여러 지표를 함께 사용하여 다각도로 평가하는 것이 바람직하다.

예를 들어 판매량 예측에서는 MAE로 평균적인 예측 정확도를, RMSE로 큰 오차의 빈도를, MAPE로 상대적 정확도를 함께 평가한다. 이를 통해 모델의 강점과 약점을 종합적으로 파악할 수 있다.

가중 평균을 통해 복합 지표를 만들 수도 있다. 비즈니스 중요도에 따라 각 지표에 가중치를 부여하여 단일 점수로 요약한다. 예를 들어 재고 관리에서는 과소 예측의 비용(품절)이 과대 예측의 비용(재고 비용)보다 클 수 있으므로, 이를 반영한 비대칭 손실 함수를 설계할 수 있다.

앙상블 모델 평가

여러 모델을 결합한 앙상블의 경우, 개별 모델과 앙상블의 성능을 비교 평가해야 한다. 개별 모델 성능을 측정하고, 앙상블 성능을 측정하며, 모델 간 예측의 상관관계를 나타내는 다양성 지표를 계산한다. 계산 비용 대비 성능 향상을 분석하는 것도 중요하다.

회귀 모델 성능 평가 테스트 세트

대표적인 회귀 테스트 세트로는 보스턴 주택 가격 데이터 세트(Boston Housing Dataset), 캘리포니아 주택 가격 데이터 세트(California Housing Dataset) 등이 있다(Harrison & Rubinfeld, 1978; Pace & Barry, 1997). 이러한 테스트 세트는 다양한 연구에서 기준점 역할을 하며, 새로운 알고리즘의 성능을 검증하는 데 사용된다.

캐글(Kaggle) 플랫폼에서 제공하는 고급 회귀 기법을 활용한 주택 가격 예측(House Prices: Advanced Regression Techniques) 경진대회 데이터 세트는 실무에서 자주 활용되는 복잡한 회귀 문제를 다룬다. 79개의 설명 변수를 가진 이 데이터 세트는 특성 공학과 정규화 기법의 중요성을 보여 주며, MAE, RMSE, R^2 등 다양한 지표로 평가된다.

시계열 예측을 위한 M컴피티션(M-Competition) 데이터 세트는 다양한 주기와 특성을 가진 시계열 데이터를 제공한다. M4컴피티션(M4 Competition)은 100000개의 시계열을 포함하며, 연간, 분기별, 월별, 주별, 일별, 시간별 데이터로 구성된다. 이는 예측 모델의 일반화 성능을 평가하는 데 중요한 벤치마크다.

UCI 머신러닝 리포지터리(UCI Machine Learning

Repository)는 다양한 도메인의 회귀 데이터 세트를 제공한다. Auto MPG(자동차 연비 예측), Concrete Compressive Strength(콘크리트 강도 예측), Wine Quality(와인 품질 예측) 등이 널리 사용된다. 각 데이터 세트는 고유한 특성과 난이도를 가지며, 다양한 회귀 기법의 성능을 비교하는 데 활용된다.

순위 모델 성능 평가 테스트 세트

정보 검색 분야에서는 TREC(Text REtrieval Conference) 데이터 세트가 표준으로 사용된다(Voorhees, 1999). TREC 웹 트랙(TREC Web Track), 질의응답 트랙(Question Answering Track) 등 다양한 태스크별 데이터 세트가 제공되며, mAP, MRR, nDCG 등의 지표로 평가된다.

추천 시스템 평가에서는 무비렌즈(MovieLens) 데이터 세트가 널리 활용된다(Harper & Konstan, 2015). 100K, 1M, 10M, 20M 등 다양한 크기의 데이터 세트가 제공되며, 사용자-영화 평점 데이터를 통해 순위 예측 성능을 평가할 수 있다. 넷플릭스 프라이즈(Netflix Prize) 데이터 세트는 추천 시스템 연구의 획기적인 전환점이 되었으며, RMSE를 주요 평가 지표로 사용했다

(Bennett & Lanning, 2007).

LETOR(Microsoft Learning to Rank Datasets)는 웹 검색 순위 학습을 위한 표준 벤치마크다(Qin et al., 2010). LETOR 3.0과 4.0은 쿼리-문서 쌍에 대한 관련성 판단을 포함하며, nDCG@k, mAP, MRR 등으로 평가된다.

야후 순위 학습 챌린지(Yahoo! Learning to Rank Challenge) 데이터 세트는 실제 검색 엔진의 대규모 데이터를 제공한다. 700개 이상의 특성과 수백만 개의 쿼리-문서 쌍을 포함하여, 실무 환경에 가까운 평가가 가능하다. 이 데이터 세트는 특히 대규모 순위 학습 알고리즘의 확장성과 효율성을 테스트하는 데 유용하다.

산업별 활용 사례

금융 분야

금융 분야에서는 주가 예측, 신용 점수 예측, 리스크 평가 등에 회귀 모델을 활용한다. 주가 예측에서는 RMSE와 함께 방향성 정확도를 중시한다. 1% 미만의 오차보다 상승/하락을 정확히 예측하는 것이 투자 의사 결정에 더 중요하기 때문이다.

신용 점수 예측에서는 MAE와 순위 상관계수를 함께

사용한다. 정확한 점수보다는 신용도의 상대적 순위가 대출 승인 결정에 중요하므로, 스피어만 순위 상관 계수(Spearman's rank correlation coefficient)나 켄달의 타우(Kendall's tau)를 평가 지표로 활용한다.

포트폴리오 최적화에서는 예측 오차의 방향성이 중요하다. 과소 예측(실제보다 낮게 예측)은 수익 기회를 놓치는 것이고, 과대 예측은 손실 위험을 증가시킨다. 따라서 비대칭 손실 함수를 사용하여 과대 예측에 더 큰 페널티를 부여한다.

전자 상거래

전자 상거래에서는 상품 추천, 검색 결과 순위, 수요 예측 등이 핵심이다. 상품 추천에서는 Precision@k와 nDCG@k를 주로 사용한다. 사용자가 보통 상위 10~20개 상품만 보므로, 이 범위 내에서의 정확도가 중요하다.

개인화 검색에서는 클릭률(CTR)과 전환율(CVR)을 최종 평가 지표로 사용하지만, 오프라인 평가에서는 nDCG와 mAP를 활용한다. A/B 테스트를 통해 오프라인 지표와 온라인 성과의 상관관계를 지속적으로 검증한다.

수요 예측에서는 MAPE와 함께 서비스 수준을 고려한

지표를 사용한다. 과소 예측으로 인한 품절 비용과 과대 예측으로 인한 재고 비용을 반영한 가중 평가를 수행한다.

제조 분야

제조업에서는 품질 예측, 수요 예측, 장비 고장 예측 등에 회귀 모델을 활용한다. 품질 예측에서는 스펙 한계를 고려한 평가가 중요하다. 단순한 예측 오차보다는 스펙을 벗어날 확률을 정확히 예측하는 것이 중요하므로, 분류 문제로 전환하여 평가하기도 한다.

수요 예측에서는 리드 타임을 고려한 다단계 예측이 필요하다. 단기(1~7일), 중기(1~4주), 장기(1~3개월) 예측의 정확도를 각각 평가하고, 리드 타임이 긴 부품일수록 장기 예측 정확도에 가중치를 둔다.

예지 보전에서는 고장까지 남은 시간(RUL, Remaining Useful Life) 예측이 핵심이다. 조기 경보의 이득과 늦은 경보의 손실이 비대칭적이므로, 적절한 안전 마진을 고려한 평가 지표를 설계한다.

의료 분야

의료 분야에서는 질병 위험도 예측, 치료 효과 예측, 환자 분류 등에 회귀와 순위 모델을 활용한다. 질병 위험도 예측에서는 보정(Calibration)이 중요하다. 예측 확률이 실제 발생 확률과 일치하는지를 브라이어 점수나 보정 곡선으로 평가한다.

환자 우선순위 결정에서는 순위 정확도가 생명을 좌우할 수 있다. 응급실 중증도 분류나 장기 이식 대기자 순위에서는 고위험 환자가 상위에 오는지를 중점적으로 평가한다. Precision@k보다는 Recall@k가 더 중요할 수 있다.

치료 효과 예측에서는 개인별 치료 반응의 이질성을 고려한다. 평균적인 예측 정확도보다는 극단적인 반응을 보일 환자를 정확히 식별하는 것이 중요하므로, 분위수 회귀와 예측 구간의 정확도를 함께 평가한다.

에너지 분야

에너지 분야에서는 전력 수요 예측, 신재생 에너지 발전량 예측, 에너지 가격 예측 등이 중요하다. 전력 수요 예측에서는 피크 시간대 예측 정확도가 특히 중요하다. 전체 RMSE보다는 피크 시간대의 MAPE를 중점적으로 평가한다.

태양광이나 풍력 발전량 예측에서는 예측 불확실성 정

량화가 필수다. 점 예측뿐만 아니라 예측 구간의 정확도를 PICP(Prediction Interval Coverage Probability)와 PINAW(Prediction Interval Normalized Average Width)로 평가한다.

에너지 거래 시장에서는 가격 예측의 경제적 가치를 직접 평가한다. 단순한 예측 오차보다는 예측을 기반으로 한 거래 전략의 수익성을 측정한다. 이를 위해 방향성 정확도와 함께 경제적 이득을 고려한 맞춤형 손실 함수를 사용한다.

부동산 분야

부동산 분야에서는 주택 가격 예측, 임대료 예측, 공실률 예측 등에 회귀 모델을 활용한다(Chen & Guestrin, 2016). 주택 가격 예측에는 MAE, RMSE, R^2를 모두 사용한다. MAE로 평균적인 예측 오차를 확인하고, RMSE로 고가 물건의 큰 오차를 평가하며, R^2로 시장 변동성에 대한 모델의 설명력을 측정한다.

부동산 매물 추천 시스템에서는 프리시전@5 (Precision@5)를 중점적으로 사용한다. 고객이 실제로 방문할 매물이 제한적이므로 상위 다섯 개의 추천 정확도가 매우 중요하다. 투자 가치가 높은 지역 순위에는 mAP를 사용하여 우수 지역들이 전반적으로 상위에 랭킹되는지 확인한다.

교육 분야

교육 분야에서는 학생 성과 예측, 중도 탈락 예측, 학습 시간 예측 등에 회귀 모델을 활용한다. 시험 점수 예측에서는 MAE와 함께 등급 정확도를 평가한다. 정확한 점수보다는 A/B/C 등급을 올바르게 예측하는 것이 실용적이기 때문이다.

학습 콘텐츠 추천에서는 학습 효과와 참여도를 모두 고려한다. 높은 학습 효과가 예상되는 콘텐츠를 상위에 추천하되, 학생의 흥미와 난이도를 함께 고려한 다목적 최적화를 수행한다. 이를 위해 가중 nDCG나 다목적 순위 평가 지표를 사용한다.

참고문헌

Baeza-Yates, R. & Ribeiro-Neto, B.(2011). *Modern information retrieval: The concepts and technology behind search.* Addison-Wesley.

Bennett, J. & Lanning, S.(2007). The Netflix Prize. *Proceedings of KDD Cup and Workshop,* pp.35~38.

Chai, T. & Draxler, R. R.(2014). Root mean square error(RMSE) or mean absolute error(MAE)? – Arguments against avoiding RMSE in the literature. *Geoscientific Model Development, 7*(3), pp.1247~1250.

Chen, T. & Guestrin, C.(2016). XGBoost: A scalable tree boosting system. *Proceedings of the 22nd ACM SIGKDD International Conference on Knowledge Discovery and Data Mining,* pp.785~794.

Harper, F. M. & Konstan, J. A.(2015). The MovieLens datasets: History and context. *ACM Transactions on Interactive Intelligent Systems, 5*(4), pp.1~19.

Harrison, D. & Rubinfeld, D. L.(1978). Hedonic housing prices and the demand for clean air. *Journal of Environmental Economics and Management, 5*(1), pp.81~102.

Hastie, T. et al.(2009). *The elements of statistical learning: Data mining, inference, and prediction.* Springer.

Hyndman, R. J. & Koehler, A. B.(2006). Another look at measures of forecast accuracy. *International Journal of Forecasting, 22*(4), pp.679~688.

James, G. et al.(2013). *An introduction to statistical learning.* Springer.

Jarvelin, K. & Kekalainen, J.(2002). Cumulated gain-based evaluation of IR techniques. *ACM Transactions on Information Systems, 20*(4), pp.422~446.

Liu, T. Y.(2009). Learning to rank for information retrieval. *Foundations and Trends in Information Retrieval, 3*(3), pp.225~331.

Manning, C. D. et al.(2008). *Introduction to information retrieval.* Cambridge University Press.

Pace, R. K. & Barry, R.(1997). Sparse spatial autoregressions.

Statistics & Probability Letters, 33(3), pp.291~297.

Qin, T. et al.(2010). LETOR: A benchmark collection for research on learning to rank for information retrieval. *Information Retrieval, 13*(4), pp.346~374.

Voorhees, E. M.(1999). The TREC-8 question answering track report. *In Proceedings of the Eighth Text REtrieval Conference (TREC-8), NIST Special Publication 500-246,* pp.77~82.

04
이미지 인식 및 분할 모델 성능 평가

이미지 인식과 분할 모델의 성능을 정확하고 객관적으로 평가하는 것은 컴퓨터 비전 기술 발전의 핵심이다. 객체 탐지, 이미지 분할 등의 복잡한 작업에는 단순한 정확도 지표로는 측정할 수 없는 다양한 성능 측면이 존재한다. 교차 결합 면적(IoU), 평균 정밀도(AP), 다이스 계수(Dice Score) 등의 전문 지표들이 이러한 모델들의 정밀한 성능 평가를 가능하게 한다.

청각장애인과 AI?

IoU

IoU(Intersection over Union)는 이미지 인식과 분할 분야에서 가장 기본이 되는 평가 지표다. 예측된 영역과 실제 정답 영역의 겹치는 정도를 정량적으로 측정하며, 객체 탐지와 분할 모두에서 광범위하게 사용된다.

IoU의 수학적 정의

IoU는 두 영역의 교집합을 합집합으로 나눈 값으로 정의된다. 수식으로 표현하면 다음과 같다.

$$IoU = |A \cap B| / |A \cup B|$$

여기서 A는 예측된 바운딩 박스 또는 분할 영역, B는 실제 정답(Ground Truth) 영역을 의미한다. IoU 값은 0과 1 사이의 값을 가지며, 1에 가까울수록 예측이 정확하다는 것을 나타낸다.

IoU의 활용 기준

실제 평가에서는 작업의 난이도와 목적에 따라 다양한 IoU 임곗값을 사용한다. 일반적인 객체 탐지에서는 IoU ≥ 0.5를 기준으로 사용하며, 이를 만족하면 올바른 탐지로 간주한다. 더 엄격한 평가가 필요한 경우 IoU ≥ 0.75를 사용하기도 한다. 최근 코코(COCO, Common

Objects in Context) 평가에서는 0.5부터 0.95까지 0.05 간격으로 여러 IoU 임곗값에서의 평균 성능을 측정하여 더욱 종합적인 평가를 수행한다.

mAP

mAP(mean Average Precision)는 객체 탐지 모델의 성능을 종합적으로 평가하는 대표적인 지표다. 여러 클래스와 다양한 신뢰도 수준에서의 탐지 성능을 하나의 숫자로 요약하여 모델 간 비교를 용이하게 한다.

AP의 계산 과정

AP를 계산하기 위해서는 먼저 정밀도-재현율 곡선(Precision-Recall Curve)을 구해야 한다. 모든 탐지 결과를 신뢰도 점수에 따라 내림차순으로 정렬한 후, 각 임곗값에서의 정밀도와 재현율을 계산한다. 이렇게 얻은 PR 곡선의 아래 면적이 바로 AP가 된다.

정밀도 = TP / (TP + FP)

재현율 = TP / (TP + FN)

여기서 TP는 True Positive(올바른 탐지), FP는 False Positive(잘못된 탐지), FN은 False Negative(놓친 객체)를 의미한다.

mAP의 계산

mAP는 모든 클래스의 AP를 평균한 값이다. N개의 클래스가 있을 때, 수식은 다음과 같다.

mAP = (1/N) × Σ(APi)

예를 들어, 20개 클래스를 가진 파스칼 VOC(PASCAL VOC) 데이터 세트에서는 각 클래스별 AP를 계산한 후 이를 평균하여 최종 mAP를 구한다.

다양한 mAP 변형 지표

코코 평가 프로토콜은 다각도의 성능 분석을 위해 여러 변형 지표를 제공한다. 가장 중요한 지표는 mAP@[.5:.05:.95]로, 이는 IoU 임곗값을 0.5에서 0.95까지 0.05 간격으로 변화시키며 계산한 AP 값들의 평균이다. 이러한 평가 방식은 단일 IoU 임곗값만 사용하는 것보다 더 엄격하고 포괄적인 평가를 제공한다.

IoU 임곗값별 평가의 의미는 다음과 같다.

mAP@0.5: IoU 임곗값 0.5에서의 mAP로, 비교적 관대한 평가 기준이다. 바운딩 박스가 실제 객체와 50% 이상 겹치면 올바른 탐지로 인정한다.

- mAP@0.75: IoU 임곗값 0.75에서의 mAP로, 더 엄격한 평가 기준이다. 정밀한 위치 예측이 필요한 응용 분야에서 중요하다.
- mAP@[.5:.05:.95]: 전체 범위의 IoU 임곗값을 고려한 종합적인 평가로, 코코의 기본 mAP 지표다.

객체 크기별 평가도 중요한 의미를 갖는다. 코코는 객체를 픽셀 면적 기준으로 세 가지 크기로 분류한다.

- 스몰 오브젝트(Small objects): 면적 $< 32^2$ 픽셀(예: 32×32 픽셀보다 작은 객체)
- 미디엄 오브젝트(Medium objects): $32^2 \leq$ 면적 $< 96^2$ 픽셀(예: 32×32에서 96×96 픽셀 사이)
- 라지 오브젝트(Large objects): 면적 $\geq 96^2$ 픽셀(예: 96×96 픽셀보다 큰 객체)

이러한 크기별 분류는 실제 응용에서 매우 중요하다. 예를 들어, 드론 영상에서의 사람 탐지나 위성 영상에서의 차량 탐지처럼 작은 객체 탐지가 중요한 경우 mAP(small) 성능을 특히 주목해야 한다.

추가로 코코는 AR(Average Recall) 지표도 제공한다.

AR@1: 이미지당 최대 1개 탐지에서의 평균 재현율

AR@10: 이미지당 최대 10개 탐지에서의 평균 재현율

AR@100: 이미지당 최대 100개 탐지에서의 평균 재현율

실제 최신 객체 탐지 모델들의 코코 성능을 보면, 욜로(YOLO, You Only Look Once) 시리즈의 최신 버전들은 mAP@[.5:.05:.95]에서 40~50%대를 달성하고 있으며, 패스터 R-CNN(Faster R-CNN)과 같은 투스테이지(two-stage) 모델들도 유사한 성능 범위를 보인다. 하지만 mAP@0.5에서는 60~70%의 성능을 보이는 반면, mAP@0.75에서는 30~40%로 크게 떨어지는 경향을 보인다. 이는 정밀한 위치 예측이 여전히 도전적인 과제임을 시사한다.

다이스 계수

다이스(Dice) 계수는 의료 영상 분할 분야에서 특히 널리 사용되는 평가 지표다. 두 집합의 유사성을 측정하는 지표로, IoU와 유사하지만 다른 수학적 형태를 갖는다.

다이스 계수의 수학적 정의

다이스 계수는 다음과 같이 정의된다.

Dice = 2 × |A ∩ B| / (|A| + |B|)

여기서 A는 예측된 분할 영역, B는 실제 정답 영역이다. 다이스 계수는 0에서 1 사이의 값을 가지며, 1에 가까울수록 분할 성능이 우수하다는 것을 의미한다.

다이스 계수와 IoU의 관계

다이스 계수와 IoU는 다음과 같은 수학적 관계를 갖는다.

Dice = 2 × IoU / (1 + IoU)

IoU = Dice / (2 - Dice)

두 지표는 서로 변환 가능하며, 유사한 경향을 보이지만 다이스 계수가 일반적으로 더 높은 값을 나타낸다.

의료 영상 분할에서의 다이스 계수

의료 영상 분할에서 다이스 계수가 선호되는 이유는 여러 가지가 있다. 첫째, 작은 객체에 대해 IoU보다 더 관대한 평가를 제공한다. 둘째, 클래스 불균형 문제에 더 강건하다. 셋째, 의학 분야의 오랜 전통과 표준화된 평가 방식으로 자리 잡았다. 일반적으로 Dice > 0.7이면 양호한 분할, Dice > 0.8이면 우수한 분할로 평가된다.

객체 탐지 및 분할의 표준 평가 프로토콜

코코 객체 탐지 평가

코코 데이터 세트는 현재 객체 탐지 평가의 사실상 표준이다. 주요 평가 지표는 다음과 같다.

AP(IoU=0.50:0.05:0.95): 기본 mAP 지표

AP@0.5: IoU 임곗값 0.5에서의 AP

AP@0.75: IoU 임곗값 0.75에서의 AP

객체 크기별 AP(small/medium/large)

다양한 최대 탐지 개수에서의 AR

파스칼 VOC 평가

파스칼 VOC는 전통적으로 사용되던 평가 방식으로, IoU 임곗값 0.5에서의 mAP를 주로 사용한다. 비교적 관대한 평가 기준으로 여겨지며, 현재는 코코 방식이 더 선호된다.

의미론적 분할 평가

의미론적 분할에서는 다음과 같은 지표들이 표준적으로 사용된다.

mIoU: 가장 중요한 지표

픽셀 정확도: 기본적인 정확도 측정

평균 픽셀 정확도: 클래스별 정확도 평균

주파수 가중 IoU: 클래스 빈도를 고려한 IoU

인스턴스 분할 평가

인스턴스 분할(Instance Segmentation)은 객체 탐지와 의미론적 분할의 장점을 결합한 고급 컴퓨터 비전 작업이다. 이 작업은 이미지 내의 각 객체를 개별적으로 탐지하고 픽셀 단위로 정확하게 분할하는 것을 목표로 한다. 예를 들어, 여러 사람이 겹쳐 있는 이미지에서 각 사람을 개별적으로 식별하고 각각의 정확한 윤곽을 분할해 내는 것이다.

코코 인스턴스 분할 평가에서는 두 가지 주요 지표를 사용한다.

박스 평균정밀도(AP, Average Precision): 바운딩 박스 기반의 평균 정밀도

마스크 평균정밀도: 마스크(픽셀 단위 분할) 기반의 평균 정밀도

마스크 AP 계산 과정은 다음과 같다.

1. 각 예측된 인스턴스 마스크에 대해 실제 정답과의 IoU를 계산한다
2. IoU 임곗값(0.5~0.95)을 적용하여 True Positive/False Positive를 결정한다
3. 신뢰도 점수에 따라 정렬하고 정밀도-재현율 곡선을 생성한다
4. 평균 정밀도를 계산하고 모든 클래스에 대해 평균을 구한다

코코의 인스턴스 분할 평가는 b박스(bounding box) mAP와 마스크 mAP를 모두 보고한다. 일반적으로 마스크 mAP가 b박스 mAP보다 낮은데, 이는 픽셀 단위의 정확한 분할이 단순한 바운딩 박스 예측보다 어렵기 때문이다. 예를 들어, 마스크 R-CNN(ResNet-101)의 경우 코코 데이터 세트에서 b박스 mAP 39.8%, 마스크 mAP 36.4%를 달성했다.

인스턴스 분할의 주요 도전 과제는 다음과 같다.

겹치는 객체의 정확한 분리

객체 경계의 정밀한 예측

다양한 크기와 형태의 객체 처리

실시간 처리를 위한 계산 효율성

최근에는 LVIS(Large Vocabulary Instance Segmentation) 데이터 세트가 도입되어 1203개의 객체 클래스를 포함하는 더 도전적인 평가 환경을 제공한다. LVIS는 실세계의 긴 꼬리 분포를 반영하여 희귀 객체에 대한 모델의 일반화 능력을 평가하는 데 중점을 둔다.

코코, 파스칼 VOC 등 주요 벤치마크

MS 코코

코코는 복잡한 일상 장면에서의 객체 탐지, 분할, 키포인트 탐지를 위한 대규모 데이터 세트이다(Lin et al., 2014). 91개 객체 카테고리, 328K 이미지, 2.5M 레이블된 인스턴스를 포함한다. 복잡한 장면 구성과 겹치는 객체들이 특징이며, 객체 크기별로 small($<32^2$), medium($32^2 \sim 96^2$), large($>96^2$)로 구분하여 평가한다.

파스칼 VOC

객체 탐지 연구의 조기 표준을 확립한 중요한 벤치마크다(Everingham et al., 2010). 20개 객체 클래스와 명확하고 단순한 이미지 구성으로 알고리즘의 기본 성능을 검증하는 데 적합하다. IoU 임곗값 0.5에서의 mAP와 클래스별 평균 정밀도로 평가한다.

시티스케이프스(Cityscapes)

도시 장면 이해를 위한 대규모 데이터 세트로, 특히 자율주행 연구에 중요하다(Cordts et al., 2016). 50개 도시에서 수집된 5000개의 정밀하게 주석된 이미지와 20000개의 약하게 주석된 이미지를 포함한다. 19개 클래스에 대한 픽셀 수준의 정밀한 주석이 특징이다.

ADE20K

매사추세츠공과대학(MIT)에서 개발한 장면 파싱 데이터 세트로, 150개 클래스의 매우 다양한 객체 카테고리를 포함한다(Zhou et al., 2017). 22210개의 정밀하게 주석된 이미지로 구성되며, 복잡한 장면 이해 연구에 활용된다.

산업별 활용 사례와 평가 기준

의료 영상 진단

의료 영상 분야는 환자의 생명과 직결되므로 정확성이 가장 중요하다. 주요 활용 사례로는 CT, MRI, 엑스레이 영상에서의 종양 탐지, 장기 분할, 병변 분석 등이 있다. 평가 기준으로는 민감도(Sensitivity) > 0.95, 특이도(Specificity) > 0.90, 다이스 계수 > 0.85가 일반적으로 요구된다. 특히 암 진단의 경우 위음성을 최소화하기 위해 높은 민감도가 필수다.

자율주행

자율주행 시스템에서는 실시간 처리와 안전성이 핵심이다. 주요 작업으로는 보행자, 차량, 신호등, 차선 탐지가 있다. 평가 기준은 mAP@0.5 > 0.80, 처리 속도 > 30 FPS, 악천후 조건에서의 성능 저하 < 20%를 요구한다. 특히 보행자 탐지의 경우 재현율 > 0.99가 필수다.

제조업 품질 검사

제조업에서는 불량품 탐지의 정확성과 처리 속도가 중요하다. 표면 결함 탐지, 조립 불량 검사, 치수 측정 등에 활용된다. 평가 기준으로는 정밀도 > 0.95(과탐지 최소화), 재현율 > 0.99(불량품 누락 방지), 처리 속도 < 100ms/이미지가 요구된다.

리테일 및 물류

리테일 분야에서는 재고 관리와 고객 분석이 주요 응용 부분이다. 상품 인식, 재고 카운팅, 고객 행동 분석에 활용된다. 평가 기준으로 상품 인식 정확도 > 0.95, 다중 객체 추적 정확도 > 0.90, 실시간 처리 능력 등이 있다.

참고문헌

Cordts, M. et al.(2016). The Cityscapes Dataset for Semantic Urban Scene Understanding. *Proceedings of the IEEE Conference on Computer Vision and Pattern Recognition*, pp.3213~3223.

Everingham, M. et al.(2010). The PASCAL Visual Object Classes(VOC) Challenge. *International Journal of Computer Vision, 88*(2), pp.303~338.

Lin, T. Y. et al.(2014). Microsoft COCO: Common objects in context. *European Conference on Computer Vision*, pp.740~755.

Zhou, B. et al.(2017). Scene Parsing through ADE20K Dataset. *Proceedings of the IEEE Conference on Computer Vision and Pattern Recognition (CVPR)*, pp.5122~5130.

05
의료 분야 AI 모델 성능 평가

의료 분야는 AI 기술이 가장 활발하게 적용되고 있는 산업 중 하나다. 생명과 직결되는 의사 결정을 지원하는 만큼, AI 모델의 성능 평가는 다른 어떤 분야보다도 엄격하고 체계적이어야 한다. 의료 AI 모델의 평가 체계, 식품의약국(FDA) 승인 기준, 임상 검증 방법론 등에 대해 살펴보기로 한다.

AI 콘텐츠 크리에이터?

의료 영상 AI의 민감도와 특이도 평가

진단 정확도의 핵심 지표

의료 AI 모델 평가에서 가장 중요한 두 가지 지표는 민감도(Sensitivity)와 특이도(Specificity)다. 민감도는 실제 질병이 있는 환자를 올바르게 진단하는 비율을 의미하며, 재현율이라고도 한다. 특이도는 질병이 없는 정상인을 올바르게 판별하는 비율이다.

의료 분야에서는 일반적으로 위음성의 비용이 위양성보다 훨씬 크다. 암을 놓치는 것이 건강한 사람을 추가 검사하는 것보다 치명적이기 때문이다. 따라서 대부분의 의료 AI 시스템은 민감도를 최우선으로 설계된다.

단, 이 장에서 제시하는 의료 분야의 성능은 알려진 논문이나 시스템의 수치를 조사하여 제시한 것으로 현재 시장에서 도입하고 있는 AI 기술은 이 장에서 소개하는 것보다 높은 성능을 가진다고 봐야 한다.

의료 영상별 평가 기준

흉부 엑스레이 판독 AI

흉부 엑스레이는 가장 널리 사용되는 의료 영상 검사로,

AI 적용이 활발한 분야다. 폐렴, 폐결핵, 폐암 등의 진단에서 요구되는 성능 기준은 다음과 같다.

- 폐렴 진단: 민감도 95% 이상, 특이도 90% 이상
- 폐결핵 스크리닝: 민감도 98% 이상, 특이도 85% 이상
- 폐결절 탐지: 민감도 95% 이상, 시간당 위양성 4개 이하

스탠퍼드대학교의 첵스넷(CheXNet)은 14개 흉부 질환에 대해 평균 AUC 0.841을 달성하여, 방사선 전문의의 평균 수준을 상회했다(Rajpurkar et al., 2017).

유방암 스크리닝 AI

유방 촬영술(Mammography)에서의 AI 성능 평가는 특히 엄격하다. 구글 헬스(Google Health)의 유방암 스크리닝 AI는 다음과 같은 성과를 보였다.

- 위음성률 9.4% 감소(민감도 향상)
- 위양성률 5.7% 감소(특이도 향상)
- AUC 0.889 달성(미국 데이터 세트 기준)

중요한 점은 단순히 높은 정확도만으로는 충분하지

않다는 것이다. 병변의 위치를 정확히 표시하고, 진단 근거를 시각화하는 것이 임상 수용성을 높이는 핵심 요소다(McKinney et al., 2020).

안저 영상 AI

당뇨병성 망막병증은 실명의 주요 원인이며, 조기 발견이 중요하다. 구글(Google)의 안저 영상 AI는 다음과 같은 성능을 보였다.

- 민감도 97.5%, 특이도 93.4%
- 안과 전문의 평균(민감도 73.4%, 특이도 89.0%) 대비 우수한 성능

특히 의료 접근성이 낮은 지역에서 스크리닝 도구로서의 가치가 높다(Gulshan et al., 2016).

다중 클래스 분류의 평가

의료 영상 진단은 대부분 다중 클래스 분류 문제다. 예를 들어, 뇌 MRI에서는 정상, 뇌경색, 뇌출혈, 뇌종양 등 여러 진단을 구분해야 한다. 이런 경우 클래스별로 민감도와 특이도를 개별적으로 평가하고, 클래스 불균형을 고

려한 가중 평균을 사용한다.

혼동 행렬(Confusion Matrix)은 다중 클래스 분류의 성능을 시각적으로 파악하는 데 유용하다. 특히 어떤 질병 간에 오분류가 자주 발생하는지 파악하여 모델 개선의 방향을 제시할 수 있다.

FDA 승인을 위한 성능 기준

FDA의 AI/ML 기반 의료 기기 규제 프레임워크

미국 식품의약국(FDA)은 AI/ML 기반 소프트웨어를 의료 기기(SaMD, Software as Medical Device)로 분류하고 체계적인 규제 프레임워크를 운영한다. 2021년 기준으로 130개 이상의 AI/ML 기반 의료 기기가 FDA 승인을 받았으며, 대부분은 영상의학 분야에 집중되어 있다.

FDA는 기존의 510(k) 경로와 드 노보(De Novo) 경로를 통해 AI 의료 기기를 심사한다. 510(k)는 이미 승인된 유사 기기와의 실질적 동등성을 입증하는 방식이고, 드 노보는 새로운 유형의 저-중위험 기기에 적용된다.

임상 성능 요구 사항

FDA 승인을 위한 핵심 성능 요구 사항은 다음과 같다.

-독립적 검증 데이터 세트

학습에 사용되지 않은 독립적인 테스트 데이터 세트 필수

다기관(Multi-center) 데이터 권장

인종, 성별, 연령 등의 다양성 확보

-임상적 유효성

단순 기술적 성능이 아닌 임상적 가치 입증

기존 표준 진료 대비 개선점 제시

환자 결과(Patient Outcome) 개선 근거

-안전성 평가

위해성 분석(Risk Analysis) 수행

실패 모드 분석(Failure Mode Analysis)

지속적 모니터링 계획

실제 FDA 승인 사례 분석

IDx-DR(당뇨병성 망막병증 진단)

2018년 최초로 FDA의 승인을 받은 자율형 AI 진단 시스템이다. 주요 승인 근거는 다음과 같다.

-민감도 87.2%, 특이도 90.7%

-900명 환자 대상 전향적 임상 시험

-1차 의료 기관에서 안과 전문의 없이 사용 가능

Caption Health(심장 초음파 가이드)

AI가 초음파 검사를 실시간으로 가이드하는 시스템으로 다음과 같은 승인 근거를 제시한다.

-비전문가도 진단 가능한 품질의 영상 획득

-10개 표준 뷰에 대한 94% 이상 성공률

-240명 환자 대상 임상 검증

지속적 학습 시스템의 규제 과제

전통적인 의료 기기와 달리 AI 시스템은 지속적으로 학습하고 개선될 수 있다. FDA는 이를 위해 '사전 결정된 변경관리계획(Predetermined Change Control Plan)'이라는 새로운 규제 방안을 제시했다. 이는 사전에 정의된 범위 내에서의 알고리즘 변경을 허용하는 방식이다. 주요 고려 사항은 다음과 같다.

성능 변화의 모니터링 체계

데이터 드리프트(Data Drift) 탐지

버전 관리의 추적성

임상 검증과 실제 의료 환경에서의 평가

후향적 연구와 전향적 연구

AI 모델의 임상 검증은 크게 후향적(Retrospective) 연구와 전향적(Prospective) 연구로 나뉜다.

후향적 연구

기존에 수집된 의료 데이터를 활용

빠르고 비용 효율적

선택 편향(Selection Bias)의 위험

데이터 품질과 완전성의 한계

전향적 연구

실제 임상 환경에서 실시간 검증

높은 증거 수준

시간과 비용이 많이 소요

IRB(Instititional Review Board, 임상시험심사위원회) 승인과 환자 동의 필수

일반적으로는 후향적 연구로 초기 검증을 수행하고, 전향적 연구로 최종 검증을 하는 단계적 접근이 권장된다.

의료 분야별 특화 평가 방법

병리학 AI의 평가

디지털 병리학은 AI 적용이 급속히 확대되는 분야다. WSI(Whole Slide Image) 분석에서의 평가 방법은 다음과 같다.

-슬라이드 레벨 평가

암 존재 여부 판별(AUC > 0.95)

등급 분류 정확도(Cohen's Kappa > 0.8)

처리 시간(슬라이드당 < 5분)

-패치 레벨 평가

종양 영역 분할 정확도(Dice > 0.85)

세포 수준 탐지(F1 > 0.9)

거짓 양성률(< 5%)

-임상 유용성 평가

병리의사 간 일치도 향상

진단 시간 단축(30% 이상)

희귀 소견 탐지율 증가

의료 영상 분할의 평가

장기나 병변의 정확한 분할은 치료 계획과 모니터링에 필수다.

-분할 정확도 지표

Dice 계수: 2 × (예측 ∩ 실제) / (예측 + 실제)

IoU(Jaccard Index): (예측 ∩ 실제) / (예측 ∪ 실제)

하우스도르프 거리(Hausdorff Distance): 경계면 간 최대 거리

-장기별 성능 기준

뇌 분할: Dice > 0.95

간 분할: Dice > 0.93

폐 분할: Dice > 0.95

종양 분할: Dice > 0.80

-3D 분할의 특수성

슬라이스 간 일관성

볼륨 측정 정확도

다평면 재구성 품질

실시간 처리 가능성

시계열 의료 데이터의 평가

부정맥 탐지(ECG), 발작 예측(EEG) 등 시계열 신호 분석 AI의 평가 방법은 다음과 같다.

-**부정맥 탐지**(ECG)

민감도 > 98%(생명 위협적 부정맥)

특이도 > 95%

실시간 처리(지연 < 1초)

다양한 리드 구성 대응

-**발작 예측**(EEG)

예측 시간 창(10~60분)

민감도 > 90%

거짓 경보율 < 0.2/시간

환자별 적응 능력

임상 의사 결정 지원 AI 시스템 평가

임상 의사 결정 지원 시스템(CDSS, Clinical Decision Support System)은 의료진의 진단, 치료, 예후 판단을 보조하는 AI 시스템으로, 그 평가는 단순한 기술적 성능을 넘어 임상적 유용성, 워크플로 통합, 환자 결과 개선까지 포괄해야 한다.

CDSS의 유형과 평가 프레임워크

CDSS는 크게 지식 기반 시스템과 비지식 기반(기계학습) 시스템으로 구분된다. 각각의 평가는 다음과 같은 다차원적 접근이 필요하다.

-기술적 차원

알고리즘 정확도와 신뢰성

처리 속도와 확장성

시스템 안정성과 가용성

데이터 통합 능력

-임상적 차원

진단/치료 결정의 적절성

의료 가이드라인과의 일치도

환자 안전성 기여도

의료진 수용성

-조직적 차원

워크플로 효율성 개선

비용 효과성

교육 및 훈련 요구 사항

변화 관리 용이성

통합적 CDSS 평가 지표

다기관 임상 검증: CDSS의 **일반화 가능성을 평가한다**.

기관별 성능 편차

◦ 대학 병원: 평균 정확도 87%

◦ 중형 병원: 평균 정확도 83%

◦ 1차 의료 기관: 평균 정확도 79%

데이터 품질의 영향

◦ 구조화된 데이터 비율과 성능 상관관계: r = 0.76

◦ 데이터 완전성과 예측 정확도: r = 0.82

비용 효과성 분석: **도입할 수 있는 수준의 경제적 가치를 평가한다**.

직접 비용 절감

◦ 검사 비용 감소: 환자당 평균 $340

◦ 재입원 감소로 인한 절감: 연간 $2.3M

◦ 의료 과오 감소: 연간 $1.8M

간접 효과

◦ 의료진 업무 효율성: 22% 향상

◦ 환자 대기 시간: 35% 감소

◦ 병상 회전율: 18% 증가

사용자 만족도와 수용성: 실제 임상에서 사용이 가능할 정도의 수준인지 사용자의 관점을 평가한다.

의료진 만족도(5점 척도)

◦ 사용 편의성: 4.2

◦ 임상적 유용성: 4.4

◦ 시간 절약 효과: 4.6

◦ 전반적 만족도: 4.3

도입 장벽과 극복

◦ 초기 학습 곡선: 평균 2주 적응 기간

◦ 시스템 신뢰도 구축: 3개월 후 수용도 85%

◦ 워크 플로 통합: 6개월 후 일상화율 92%

의료 AI는 진단의 정확성을 높이고, 의료 접근성을 개선하며, 환자 결과를 향상할 수 있는 혁신적인 도구다. 그러나 이러한 잠재력을 실현하기 위해서는 엄격하고 체계적인 평가가 필수다. 기술적 성능뿐만 아니라 임상적 가치, 안전성, 윤리성을 종합적으로 고려하는 평가 체계를 구축해야 한다.

참고문헌

고재영 외(2020). "GAN 기반 고해상도 의료 영상 생성을 위한 연구". 《한국정보처리학회 2020년도 춘계학술발표대회》, 544~546쪽.

Gulshan, V. et al.(2016). Development and validation of a deep learning algorithm for detection of diabetic retinopathy in retinal fundus photographs. *JAMA, 316*(22), pp.2402~2410.

McKinney, S. et al.(2020). International evaluation of an AI system for breast cancer screening. *Nature, 577*, pp.89~94.

Rajpurkar, P. et al.(2017). CheXNet: Radiologist-level pneumonia detection on chest X-rays with deep learning. arXiv:1711.05225.

06

제조 분야 AI 모델 성능 평가

제조 산업은 AI 기술 도입의 최전선이다. 스마트 팩토리와 인더스트리 4.0의 핵심 기술로 자리 잡은 AI는 품질 검사, 예지 보전, 공정 최적화 등 다양한 영역에서 혁신을 이끌고 있다. 특히 제조 현장의 특수한 요구 사항과 엄격한 품질 기준은 AI 모델의 성능 평가에서 독특한 도전 과제를 제시한다. 제조 분야에서 AI 모델을 평가하는 핵심 지표를 살펴보기로 한다.

AI와 민주주의?

품질 검사 AI의 결함 탐지율과 오탐률

제조 현장에서 AI 기반 품질 검사 시스템의 성능을 평가할 때 가장 중요한 두 가지 지표는 결함 탐지율과 오탐률이다. 이 두 지표는 서로 상충 관계이며, 산업별 특성에 따라 최적의 균형점이 달라진다.

단, 여기서 제시하는 성능 평가 수치는 제조 분야에서 알려진 논문이나 시스템의 수치를 제시한 것으로 실제 제조 분야에서는 이 장에서 요구하는 것보다 더 높은 수준의 성능을 요구할 수 있다.

결함 탐지율의 중요성

결함 탐지율은 실제 불량품을 정확히 식별하는 능력을 나타낸다. 제조업에서는 단 하나의 불량품도 치명적인 결과를 초래할 수 있기 때문에, 높은 탐지율이 필수다. 예를 들어, 자동차 브레이크 부품의 경우 99.9%의 탐지율도 충분하지 않다. 1000개 중 1개의 불량품을 놓치는 것도 인명 사고로 이어질 수 있기 때문이다.

반도체 웨이퍼 검사에서는 99.5% 이상의 결함 탐지율이 요구된다. 미세한 스크래치나 파티클조차도 최종 제품의 성능에 영향을 미칠 수 있다. 이러한 높은 정확도 요구는 반도체 산업의 특성상 작은 결함도 수율에 큰 영향을 미치기 때문이다. 이를 위해 다음과 같은 평가 방법을 사용한다.

민감도(Sensitivity) = TP / (TP + FN)

여기서 TP는 올바르게 탐지된 불량품, FN은 놓친 불량품을 의미한다. 제조업에서는 FN을 최소화하는 것이 최우선 과제다.

오탐률과 생산성의 균형

오탐률은 정상 제품을 불량으로 잘못 분류하는 비율이다. 높은 오탐률은 불필요한 폐기와 재검사로 이어져 생산성을 저하한다. 특히 고가의 제품일수록 오탐으로 인한 경제적 손실이 크다.

오탐률(False Positive Rate) = FP / (FP + TN)

자동차 부품 검사에서는 일반적으로 1% 이하의 오탐률을 목표로 한다. 그러나 안전과 직결된 부품의 경우, 5% 정도의 오탐률도 감수하면서 탐지율을 높이는 전략을 택한다.

ROC 곡선을 통한 최적점 찾기

제조 현장에서는 ROC 곡선을 활용해 탐지율과 오탐률의 최적 균형점을 찾는다. AUC(Area Under Curve)값이 0.95 이상이면 우수한 성능으로 평가된다. 이는 제조업 이상 탐지 분야의 표준적인 평가 방법으로 자리 잡았다(Bergmann et al., 2019).

그러나 단순히 AUC값만으로는 충분하지 않다. 제조업의 특성상 높은 재현율 영역에서의 성능이 더 중요하다. 따라서 부분 AUC(Partial AUC)를 사용하여 재현율 90% 이상 구간에서의 성능을 집중적으로 평가한다. 실제로 MV텍 AD(MVTec AD)와 같은 제조업 벤치마크 데이터 세트에서도 이러한 평가 방식을 권장하고 있다.

실시간 처리와 처리량 평가

제조 현장의 AI 시스템은 생산 라인의 속도를 따라가야 한다. 아무리 정확한 모델이라도 실시간 처리가 불가능하다면 실용적 가치가 없다.

처리 시간 성능 측정 지표

처리 시간은 여러 단계로 나누어 측정한다.

추론 시간(Inference Time)

모델이 입력 데이터를 받아 결과를 출력하는 데 걸리는 순수한 계산 시간이다. GPU(그래픽처리장치) 가속을 사용하는 경우와 CPU(중앙처리장치)만 사용하는 경우를 구분해서 측정한다.

종단 간 지연 시간(End-to-End Latency)

이미지 캡처부터 최종 판정까지의 전체 시간이다. 여기에는 전처리, 추론, 후처리, 통신 시간이 모두 포함된다.

종단 간 지연 시간 = 캡처 시간 + 전처리 시간 + 추론 시간 + 후처리 시간 + 통신 시간

처리량(Throughput)

단위 시간당 처리할 수 있는 제품의 수다. 배치 처리를 통해 처리량을 높일 수 있지만, 개별 제품의 지연 시간이 증가할 수 있다.

실시간 성능 요구 사항

제조 공정별로 요구되는 실시간 성능은 다르다. 스마트 제조 시스템에서는 실시간 데이터 처리가 생산성과 직결되므로, 각 공정의 특성에 맞는 성능 목표를 설정해야

한다.

에지 컴퓨팅과 성능 최적화

제조 현장에서는 네트워크 지연과 보안 문제로 에지 디바이스에서 AI를 실행하는 경우가 많다. 에지 컴퓨팅 환경에서의 AI 모델 최적화는 제조업 AI의 핵심 과제로 부상했다(Xu et al., 2021). 특히 NPU(Neural Processing Unit, 신경망처리장치)와 같은 AI 전용 하드웨어의 등장으로 에지에서의 고성능 AI 처리가 현실화하고 있다(Chen et al., 2020). 이때 다음과 같은 최적화 기법을 평가한다.

양자화(Quantization): INT8 변환 후 정확도 손실 1% 이내
프루닝(Pruning): 파라미터 50% 제거 후 성능 유지
지식 증류(Knowledge Distillation): 교사 모델 대비 90% 성능

NPU 기반 최적화

NPU는 신경망 연산에 특화된 아키텍처로 설계되어, 범용 프로세서 대비 획기적인 성능 향상을 제공한다. 제조 현장에서 NPU 활용 시 다음과 같은 평가 기준을 적

용한다.

- **추론 성능 지표**
  - TOPS(Tera Operations Per Second): 연산 처리 능력
  - 추론 지연 시간: 배치 크기별 처리 시간
  - 동시 처리 가능 모델 수: 멀티태스킹 능력
- **전력 효율성**
  - TOPS/W: 와트당 연산 처리량
  - 열 발생량: 장시간 운영 시 안정성
  - 대기 전력: 유휴 상태 소비 전력
- **제조 현장 NPU 적용 사례**
  - 비전 검사: YOLOv5 모델 INT8 양자화 후 NPU 실행 시 5ms 이내 추론
  - 음향 분석: 진동 데이터 실시간 FFT + CNN 처리, 1ms 지연 시간
  - 다중 센서 융합: 10개 센서 동시 처리, 총 전력 소비 5W 이내

예지 보전 모델의 성능 지표

예지 보전(PdM, Predictive Maintenance)은 제조업 AI의 핵심 응용 분야다. 장비 고장을 사전에 예측하여 계획

된 정비를 수행함으로써 가동 중단 시간과 유지 보수 비용을 최소화한다. 인더스트리 4.0(Industry 4.0) 환경에서 예지 보전의 중요성은 더욱 증가하고 있으며, 다양한 평가 프레임워크가 제안되고 있다(Lei et al., 2018).

PdM 특화 평가 지표

남은 수명 예측 정확도(RUL Accuracy): RUL(Remaining Useful Life)은 장비가 고장 날 때까지 남은 시간이다. 예측 정확도는 다음과 같이 평가한다.

RUL 오차율 = |실제 RUL - 예측 RUL| / 실제 RUL × 100%

일반적으로 20% 이내의 오차율을 목표로 한다. 그러나 조기 예측과 늦은 예측의 비용이 다르므로 비대칭 손실 함수를 사용한다. 예지 보전 분야의 선행 연구에서는 이러한 비대칭성을 고려한 평가 지표의 중요성을 강조하고 있다.

고장 예측 시점의 적절성: 너무 이른 예측은 불필요한 정비 비용을, 너무 늦은 예측은 생산 중단 손실을 발생시킨다. 최적 예측 시점은 다음과 같이 평가한다.

시점 점수 = exp(-α × 조기 예측 시간) × (1 - 늦은 예측 페널티)

여기서 α는 산업별로 다른 가중치다. 항공기 엔진은 조기 예측을 선호하지만, 일반 제조 장비는 적절한 균형을 추구한다.

PdM 효율성 지표

예지 보전의 효과를 정확히 평가하기 위해서는 다차원적인 효율성 지표가 필요하다. 단순한 비용 절감을 넘어 생산성, 안전성, 지속 가능성까지 포괄하는 종합적인 평가 체계를 구축해야 한다.

유지 보수 비용 절감률

유지 보수 비용 절감은 예지 보전의 가장 직접적인 효과다. 그러나 단순 비용 비교가 아닌 총 소유 비용(TCO) 관점에서 평가해야 한다.

비용 절감률 = (반응적 정비 비용 - 예지 보전 비용) / 반응적 정비 비용 × 100%

-반응적 정비 비용 구성

◦ 긴급 수리 비용(정규 작업 대비 150~200% 할증)

◦ 계획 외 가동 중단 손실(시간당 생산 손실액)

◦ 긴급 부품 조달 비용(항공 운송 등 추가 물류비)

◦ 연쇄 고장 비용(1차 고장으로 인한 2차 손상)

-예지 보전 비용 구성

◦ 센서 및 모니터링 시스템 구축비(초기 투자)

◦ AI 모델 개발 및 유지 보수 비용

◦ 계획 정비 수행 비용

◦ 예방 부품 교체 비용

-산업별 목표 절감률

◦ 화학 플랜트: 35~45%(안전사고 예방 효과 포함)

◦ 자동차 제조: 25~35%(라인 정지 최소화)

◦ 반도체 공장: 40~50%(고가 장비 수명 연장)

◦ 일반 제조업: 30~40%

가동률 향상

가동률은 예지 보전의 핵심 성과 지표로, 다양한 세부 지표로 분해하여 평가한다.

종합 가동률(OEE) = 가용성 × 성능 × 품질

- **가용성**(Availability)
  - 가용성 = 실제 가동 시간 / 계획 가동 시간 × 100%
  - 목표: 예지 보전 도입 후 90% → 95% 이상
  - 계획 정비 시간은 제외하고 계산
  - 예상치 못한 정지 시간 최소화가 핵심
- **평균 고장 간격**(MTBF, Mean Time Between Failures)
  - MTBF = 총 가동 시간 / 고장 횟수
  - 예지 보전 도입 전: 720시간(월 1회 고장)
  - 예지 보전 도입 후 목표: 2160시간(분기 1회)
  - 200% 이상 개선 목표
- **평균 수리 시간**(MTTR, Mean Time To Repair)
  - MTTR = 총 수리 시간 / 수리 횟수
  - 사전 준비로 인한 수리 시간 단축
  - 목표: 50% 단축(4시간 → 2시간)

정비 효율성

예지 보전은 정비 작업 자체의 효율성도 크게 향상한다.

- **정비 정확도**
  - 정비 정확도 = 성공적 정비 횟수 / 전체 정비 횟수 × 100%
  - 첫 번째 시도 성공률(First Time Fix Rate): 85% 이상

◦ 재작업 비율: 5% 이하

-부품 재고 최적화

◦ 재고 회전율 = 연간 사용 부품 비용 / 평균 재고 금액

◦ 예측 기반 재고 관리로 30% 재고 감소

◦ 긴급 조달 비율: 10% → 2% 이하

-정비 인력 생산성

◦ 인력 생산성 = 처리된 정비 건수 / 투입 인력 시간

◦ 계획 정비로 인한 작업 효율 40% 향상

◦ 야간/휴일 긴급 출동 80% 감소

예측 정확도 관련 성능 지표

AI 모델의 예측 성능이 곧 예지 보전의 효과를 결정한다.

-고장 예측 정확도

◦ 예측 정확도 = 정확히 예측된 고장 / 전체 예측 × 100%

◦ 진양성률(True Positive Rate): 90% 이상(실제 고장 포착률)

◦ 위양성률(False Positive Rate): 10% 이하(불필요한 정비 최소화)

-예측 시점 적절성 점수

◦ 시점 점수 = Σ(개별 예측 점수 × 중요도 가중치) / 전체

예측 수

◦ 개별 예측 점수 계산:

- 최적 시점(D-30~D-7): 100점

- 조기 예측(D-60~D-31): 80점 × exp(-0.02 × 초과 일수)

- 늦은 예측(D-6~D-0): 50점 × (잔여 일수/7)

- 사후 예측: 0점

-신뢰 구간 정확도

◦ 신뢰 구간 정확도 = 신뢰 구간 내 실제 고장 발생 / 전체 예측 × 100%

◦ 95% 신뢰 구간에서 90% 이상의 정확도 목표

안전성 및 환경 지표

예지 보전은 비용 절감을 넘어 안전과 환경 개선에도 기여한다.

-안전 사고 감소율

◦ 사고 감소율 = (이전 사고 건수 - 현재 사고 건수) / 이전 사고 건수 × 100%

◦ 장비 관련 안전사고 70% 이상 감소

◦ 아차 사고(Near Miss) 50% 감소

환경 영향 개선

◦ 에너지 효율 개선 = (이전 에너지 원단위 - 현재 에너지 원단위) / 이전 에너지 원단위 × 100%

◦ 최적 운전 조건 유지로 에너지 효율 10~15% 개선

◦ 오일/윤활유 사용량 20% 감소

통합 PdM 성과 지표(PdM Score)

개별 지표들을 통합한 종합 점수로 전체적인 성과를 평가한다.

PdM Score = 0.3 × 비용 절감 점수 + 0.3 × 가동률 점수 + 0.2 × 예측 정확도 점수 + 0.1 × 안전성 점수 + 0.1 × 환경 개선 점수

각 항목 점수는 목표 대비 달성률로 계산하며, 100점 만점으로 정규화한다. 일반적으로 PdM Score 75점 이상이면 성공적인 도입으로 평가한다.

다변량 시계열 분석 성능

제조 장비는 온도, 진동, 압력 등 다양한 센서 데이터를 생성한다. 다변량 시계열 분석의 성능은 다음과 같이 평가한다.

- **이상 탐지 성능**
  - 정밀도: 이상으로 판정된 것 중 실제 이상의 비율
  - 재현율: 실제 이상 중 탐지된 비율
  - F1 점수: 정밀도와 재현율의 조화 평균
- **패턴 인식 능력**
  - 주기적 패턴 탐지: 계절성, 일일 변동 등
  - 점진적 열화 추적: 성능 저하 트렌드 포착
  - 급격한 변화 감지: 임곗값 초과 사전 경고

실제 운영 환경에서의 평가

실험실 환경과 달리 실제 제조 현장에서는 다음과 같은 추가 요소를 평가한다. 제조 환경의 복잡성과 다양성을 고려한 평가 체계가 필요하다는 점은 여러 연구에서 강조되고 있다(Wang et al., 2018).

- **노이즈 강건성**
  - 센서 오작동 대응
  - 결측치 처리 능력
  - 이상치 필터링
- **적응성**
  - 새로운 장비 유형 학습 속도

◦ 운영 조건 변화 대응

◦ 계절적 변동 적응

제조업 AI 시스템은 국제 품질 표준을 준수해야 한다. ISO 9001, ISO/IEC 25000 시리즈 등과의 연계는 AI 도입의 필수 요건이다. 특히 최근에는 AI 시스템을 위한 특화된 표준들이 개발되고 있어, 이에 대한 준비가 필요하다(정보통신기술협회, 2023).

제조 분야의 AI 모델 성능 평가는 단순한 정확도를 넘어 실시간성, 신뢰성, 경제성, 표준 준수성을 종합적으로 고려해야 한다. 특히 제조업의 특성상 작은 오류도 큰 손실로 이어질 수 있으므로, 엄격한 평가 기준과 지속적인 모니터링이 필수다.

참고문헌

정보통신기술협회(2023). "글로벌 시대의 인공지능 표준화 분석보고서". 《디지털기준표준 추진전략보고서》.

Bergmann, P. et al.(2019). MVTec AD: A comprehensive real-world dataset for unsupervised anomaly detection. *Proceedings of the IEEE/CVF Conference on Computer Vision and Pattern Recognition*, pp.9592~9600.

Chen, J. & Ran, X.(2019). Deep Learning With Edge Computing: A Review. *Proceedings of the IEEE, 107(8)*, pp.1655~1674.

Chen, Y., et al. (2020). A Survey of Accelerator Architectures for Deep Neural Networks. *Engineering*, 6(4), 613~628. https://www.sciencedirect.com/science/article/pii/S2095809919306356

Deng, S. et al.(2021). Edge intelligence: The confluence of edge computing and artificial intelligence. *IEEE Internet of Things Journal, 8*(10), pp.7457~7469.

Lei, Y. et al.(2018). Machinery health prognostics: A systematic review from data acquisition to RUL prediction. *Mechanical Systems and Signal Processing, 104*, pp.799~834.

Wang, J. et al.(2018). Deep learning for smart manufacturing: Methods and applications. *Journal of Manufacturing Systems, 48*, pp.144~156.

Xu, X., et al.(2021). Artificial Intelligence for Edge Service Optimization in Internet of Vehicles: A Survey. *IEEE Transactions on Intelligent Transportation Systems*, 22(5), 273~284.
https://ieeexplore.ieee.org/stamp/stamp.jsp?arnumber=9552656

07
금융 분야 AI 모델 성능 평가

금융 산업은 데이터 기반 의사 결정이 핵심인 분야로, AI 모델의 활용이 가장 활발하고 성숙한 산업 중 하나다. 신용 평가부터 사기 탐지, 자산 운용, 위험 관리에 이르기까지 다양한 영역에서 AI가 활용되고 있다. 특히 금융 분야는 엄격한 규제 환경과 높은 신뢰성 요구로 인해 AI 모델의 성능 평가가 더욱 중요하다. 금융 분야에서 활용되는 주요 AI 모델들의 성능 평가 핵심 지표들을 살펴보기로 한다.

AI와 애니메이션?

지니 계수의 이해와 활용

신용 평가 모델의 성능을 측정하는 가장 대표적인 지표는 지니 계수다. 지니 계수는 모델이 우량 고객과 부실 고객을 얼마나 잘 구분하는지를 나타내는 척도로, 0에서 1 사이의 값을 가진다. 수식적으로는 2×AUC-1로 계산되며, 완벽한 분류 모델의 경우 1, 무작위 예측의 경우 0의 값을 보인다(국가데이터처, 2024).

지니 계수의 수학적 정의는 로렌츠 곡선(Lorenz Curve)과 밀접한 관련이 있다. 신용 평가 맥락에서 로렌츠 곡선은 모델의 예측 점수에 따라 고객을 정렬했을 때, 전체 고객 중 하위 x%가 전체 부실 고객 중 몇 %를 포함하는지를 나타낸다. 완벽한 모델의 경우, 가장 위험한 고객부터 순서대로 정확히 식별하므로 로렌츠 곡선이 급격히 상승한다. 반면 무작위 모델은 45도 대각선을 그리게 된다.

지니 계수는 이 로렌츠 곡선과 45도 대각선 사이의 면적을 대각선 아래 전체 면적으로 나눈 값의 2배로 계산된다. 더 간단하게는 ROC 곡선의 AUC와 연결하여 Gini = 2×AUC-1로 계산할 수 있다. 이는 AUC가 0.5일 때(무작위 예측) Gini가 0이 되고, AUC가 1일 때(완벽한 예측) Gini가 1이 되도록 정규화한 것이다.

실무적으로 지니 계수의 해석은 다음과 같다. 예를 들어 지니 계수가 0.6이라면, 이는 모델이 무작위 선택 대비 60% 더 나은 변별력을 가진다는 의미다. 구체적으로 설명하면, 무작위로 선택한 부실 고객과 우량 고객 한 쌍에 대해, 모델이 부실 고객에게 더 높은 위험 점수를 부여할 확률이 80%(= 0.5 + 0.6/2)라는 뜻이다(국가데이터처, 2024).

금융업계에서는 일반적으로 지니 계수 0.4 이상을 양호한 모델로 평가한다. 신용카드 발급 모델의 경우 0.35~0.45, 주택 담보 대출 모델은 0.4~0.5, 기업 신용 평가 모델은 0.5~0.6 수준의 지니 계수를 목표로 한다. 이러한 차이는 각 상품의 특성과 가용 데이터의 풍부함에 기인한다(국가데이터처, 2024). 특히 클래스가 극도로 불균형한 경우에는 MCC가 더 적합한 평가 지표가 될 수 있다(Chicco & Jurman, 2020).

지니 계수의 해석에는 주의가 필요하다. 높은 지니 계수가 항상 좋은 모델을 의미하는 것은 아니다. 과적합된 모델이나 특정 기간에만 최적화된 모델은 높은 지니 계수를 보일 수 있지만, 실제 운영 환경에서는 성능이 급격히 떨어질 수 있다. 따라서 시간 외 검증(Out-of-Time Validation)을 통해 모델의 안정성을 확인하는 것이 중요하다.

KS 통계량의 의미와 적용

KS(Kolmogorov-Smirnov) 통계량은 우량 고객과 부실 고객의 누적 분포 함수 간 최대 차이를 나타내는 지표다. 신용 평가 모델에서 KS 통계량은 모델의 변별력을 평가하는 핵심 지표로 활용된다.

KS 통계량의 계산은 다음과 같은 과정을 거친다. 먼저 모델의 예측 점수에 따라 고객을 정렬하고, 각 점수 구간에서 우량 고객과 부실 고객의 누적 비율을 계산한다. 이 두 누적 분포의 차이가 최대가 되는 지점의 값이 KS 통계량이다.

금융 업계에서는 KS 통계량 40 이상을 우수한 모델로 평가한다. 실무에서는 다음과 같은 기준을 적용한다. KS 20 미만은 변별력이 없는 모델, 20~40은 보통 수준의 모델, 40~50은 우수한 모델, 50 이상은 매우 우수한 모델로 분류한다. 다만 KS 통계량이 70을 초과하면 과적합을 의심해 봐야 한다.

KS 통계량은 최적 분류점(Cut-off Point) 설정에도 활용된다. KS 통계량이 최대가 되는 점수를 기준으로 승인과 거절을 결정하면, 우량 고객 승인율을 최대화하면서 부실 고객 거절률도 높일 수 있다. 하지만 실제 운영에서는 비즈니스 목표와 리스크 수용 수준을 고려하여 분류점을 조정한다.

신용 평가 모델의 시계열 안정성 평가

신용 평가 모델은 시간이 지남에 따라 성능이 변화할 수 있으므로, 지속적인 모니터링이 필수다. PSI(Population Stability Index)는 모델 개발 시점과 현재 시점의 점수 분포 차이를 측정하는 지표로, 모델의 안정성을 평가하는 데 사용된다.

PSI는 각 점수 구간별로 개발 시점과 현재 시점의 비율 차이에 로그 비율을 곱한 값들의 합으로 계산된다. 일반적으로 PSI 0.1 미만은 안정적, 0.1~0.25는 약간의 변화, 0.25 이상은 심각한 변화로 해석하며, 모델 재개발을 고려해야 한다.

CSI(Characteristic Stability Index)는 개별 변수의 분포 변화를 측정하는 지표다. 주요 변수의 CSI가 높게 나타나면, 해당 변수의 의미나 수집 방식이 변했을 가능성이 있으므로 점검이 필요하다. 특히 외부 데이터를 활용하는 경우, 데이터 제공 업체의 변경이나 수집 방식 변화가 CSI 상승의 주요 원인이 될 수 있다.

사기 탐지 시스템의 성능 평가

극심한 클래스 불균형 문제 대응

금융 사기는 전체 거래의 0.1% 미만으로 발생하는 극히 드문 사건이다. 이러한 극심한 클래스 불균형 상황에서는 전통적인 정확도 지표가 의미를 잃는다. 99.9%의 정확도를 보이는 모델도 모든 거래를 정상으로 분류하는 무의미한 모델일 수 있다.

사기 탐지 시스템에서는 정밀도와 재현율의 균형이 핵심이다. 재현율이 낮으면 실제 사기를 놓쳐 금전적 손실이 발생하고, 정밀도가 낮으면 정상 거래를 차단하여 고객 불만족이 증가한다. 일반적으로 사기 탐지에서는 재현율을 우선시하되, 운영 가능한 수준의 정밀도를 유지하는 것을 목표로 한다. UCI 머신러닝 리포지터리의 신용카드 사기 검출(Credit Card Fraud Detection) 데이터 세트는 284807개 거래 중 492개(0.172%)만이 사기 거래로, 이러한 극심한 클래스 불균형을 잘 보여 주는 사례다(Dua & Graff, 2019).

실무에서는 상위 위험군에 대한 정밀도를 주요 지표로 활용한다. 예를 들어, 위험 점수 상위 1%의 정밀도가 50%라면, 이 구간에서 탐지된 거래의 절반이 실제 사기라는 의미다. 이는 조사 인력의 효율적 배치와 직결되므로 중요한 운영 지표가 된다.

비용 기반 성능 평가 프레임워크

사기 탐지 시스템의 진정한 가치는 비용 절감 효과로 측정된다. 단순한 통계적 지표를 넘어, 각 오류 유형의 비용을 고려한 종합적 평가가 필요하다.

비용 매트릭스는 다음과 같이 구성된다. 진짜 사기를 놓치는 비용(False Negative Cost)은 평균 사기 금액과 같다. 정상 거래를 차단하는 비용(False Positive Cost)은 고객 응대 비용, 잠재적 고객 이탈 비용, 브랜드 이미지 손상 등을 포함한다. 진짜 사기를 탐지하는 이익(True Positive Benefit)은 사기 금액에서 조사 비용을 뺀 값이다.

예를 들어, 신용카드 사기의 경우 평균 사기 금액이 100만 원, 거래 차단으로 인한 고객 응대 비용이 1만 원, 사기 조사 비용이 5만 원이라고 가정하자. 이 경우 재현율 1% 향상이 정밀도 10% 하락보다 경제적으로 유리함

수 있다. 실제 비용 구조에 따라 최적의 임곗값을 설정하고, ROI를 극대화하는 운영 전략을 수립해야 한다.

실시간 성능과 적응성 평가

금융 사기는 지속적으로 진화하므로, 사기 탐지 시스템도 이에 맞춰 적응해야 한다. 정적인 규칙 기반 시스템에서 동적인 머신러닝 모델로의 전환이 필요한 이유다.

실시간 성능 평가에서는 지연 시간(Latency)이 핵심 지표다. 카드 결제의 경우 전체 승인 과정이 수 초 내에 완료되어야 하므로, 사기 탐지 모델의 추론 시간은 100ms 이내여야 한다. 복잡한 딥러닝 모델보다는 경량화된 앙상블 모델이나 특징 엔지니어링에 기반한 전통적 모델이 선호되는 이유다.

적응성 평가는 새로운 사기 패턴에 대한 모델의 대응 능력을 측정한다. 신종 사기 탐지율, 기존 사기 유형별 성능 추이, 모델 재학습 주기 등이 주요 지표가 된다. 특히 온라인 학습이나 증분 학습을 통해 모델을 지속적으로 업데이트하는 시스템의 경우, 안정성과 적응성의 균형을 유지하는 것이 중요하다.

규제 준수와 공정성 평가

금융 AI의 규제 요구 사항

금융 AI는 다양한 규제 요구 사항을 충족해야 한다. 미국의 신용기회평등법(ECOA, Equal Credit Opportunity Act), EU의 일반정보보호규정(GDPR, General Data Protection Regulation), 한국의 신용정보법 등은 AI 모델의 공정성과 설명 가능성에 대한 구체적인 기준을 제시한다(금융위원회, 2020).

차별 금지 원칙에 따라, AI 모델은 성별, 연령, 인종, 지역 등 보호 속성에 대해 직접적 또는 간접적 차별을 해서는 안 된다. 직접 차별은 보호 속성을 모델의 입력 변수로 사용하는 것이고, 간접 차별은 보호 속성과 상관관계가 높은 변수를 통해 실질적인 차별이 발생하는 것이다.

규제 준수 평가는 다음과 같은 단계로 진행된다. 먼저 보호 속성별 승인율을 계산하여 통계적으로 유의미한 차이가 있는지 검정한다. 4/5 규칙(Four-Fifths Rule)에 따라, 특정 집단의 승인율이 가장 높은 집단 승인율의 80% 미만이면 차별의 증거로 간주될 수 있다. 다음으로 차별적 영향이 발견되면, 그것이 정당한 비즈니스 필요성에 의한 것인지 검토한다.

공정성 지표의 다차원적 평가

AI 모델의 공정성은 단일 지표로 평가할 수 없는 복잡한 개념이다. 다양한 공정성 정의가 존재하며, 이들은 서로 상충할 수 있다.

통계적 패리티(Statistical Parity)는 보호 속성과 무관하게 동일한 비율로 긍정적 결과를 받아야 한다는 개념이다. 예를 들어, 남녀의 대출 승인율이 동일해야 한다. 하지만 이는 집단 간 실제 신용도 차이를 무시할 수 있다는 한계가 있다.

조건부 통계적 패리티(Conditional Statistical Parity)는 정당한 요인들을 통제한 후에도 차별이 존재하는지를 평가한다. 소득, 신용 점수 등 합법적인 변수들의 영향을 제거한 후, 여전히 보호 속성에 따른 차이가 있다면 이는 부당한 차별의 증거가 될 수 있다.

균등 기회(Equal Opportunity)는 실제 우량 고객이 대출을 승인받을 확률이 보호 속성과 무관하게 동일해야 한다는 원칙이다. 이는 거짓 음성률(False Negative Rate)의 균등성을 요구한다. 예측 패리티(Predictive Parity)는 대출을 승인받은 고객 중 실제로 상환할 확률이 보호 속성과 무관하게 동일해야 한다는 개념으로, 양성 예측도(Positive Predictive Value)의 균등성을 의미한다.

실무에서는 이러한 다양한 공정성 지표를 종합적으로 모니터링하고, 비즈니스 맥락과 규제 요구 사항에 따라 우선순위를 설정한다. 완벽한 공정성은 달성하기 어려우므로, 수용 가능한 수준의 차이를 정의하고 지속적으로 개선하는 접근이 필요하다.

금융 AI 모델의 설명 가능성 평가

설명 가능성의 규제적 요구 사항

금융 분야에서 AI의 설명 가능성은 선택이 아닌 필수다. 미국의 공정신용보고법(FCRA, Fair Credit Reporting Act)은 신용 거절 시 주요 부정적 요인들을 고객에게 설명할 것을 요구한다. EU의 GDPR은 자동화된 의사 결정에 대한 설명을 받을 권리를 명시하고 있다.

설명의 수준은 이해관계자에 따라 달라진다. 규제 기관에는 모델의 전체적인 작동 원리와 검증 과정을 설명해야 한다. 고객에게는 개인의 신청이 거절된 구체적인 이유를 이해하기 쉬운 언어로 제공해야 한다. 내부 리스크 관리자에게는 모델의 한계와 잠재적 위험을 상세히 설명해야 한다.

거절 사유 제공 시에는 다음과 같은 원칙을 따른다. 첫째, 가장 영향력이 큰 3~5개 요인을 제시한다. 둘째, 전문 용어를 피하고 일반인이 이해할 수 있는 표현을 사용한다. 셋째, 개선 가능한 행동 지침을 함께 제공한다. 예를 들어, '신용카드 사용률이 높음'보다는 '현재 신용카드 사용 금액이 한도의 80%를 초과하고 있습니다. 사용률을 50% 이하로 낮추면 신용 점수 개선에 도움이 됩니다'와 같이 구체적으로 안내한다.

AI 모델별 설명 가능성 평가 방법

전통적인 로지스틱 회귀나 의사 결정 트리는 본질적으로 해석 가능하다. 회귀 계수나 특성 중요도를 통해 각 변수의 영향을 직접적으로 파악할 수 있다. 하지만 성능 향상을 위해 복잡한 앙상블 모델이나 딥러닝을 사용하는 경우, 추가적인 설명 기법이 필요하다.

라임(LIME, Local Interpretable Model-agnostic Explanations, 국소적모델비종속해설법)은 개별 예측을 설명하는 데 유용하다(Ribeiro et al., 2016). 특정 고객의 신용 평가 결과를 설명할 때, 해당 고객과 유사한 가상의 데이터를 생성하고 이를 통해 국소적으로 해석 가능한 모델을 학습한다. 이를 통해 '귀하의 경우 최근 3개월 내 신규 신용 조회가 5회로 많아 신용 점수가 하락했습니다'와 같은 개인화된 설명을 제공할 수 있다.

샤프(SHAP, SHapley Additive exPlanations, 샤플리 가법 해설)는 게임 이론에 기반하여 각 특성의 기여도를 공정하게 배분한다(Lundberg & Lee, 2017). 전역적 설명과 지역적 설명을 모두 제공할 수 있어, 모델의 전반적인 행동 패턴과 개별 예측을 동시에 이해할 수 있다. 특히 SHAP의 상호작용 값을 통해 변수 간 복잡한 관계도 파악할 수 있다.

설명의 충실도와 완전성 평가

설명 가능성 자체도 평가의 대상이다. 설명이 모델의 실제 작동 방식을 얼마나 정확히 반영하는지(충실도), 그리고 의사 결정에 영향을 미친 모든 요인을 포함하는지(완전성)를 검증해야 한다.

충실도 평가는 다음과 같이 수행한다. 설명에서 중요하다고 제시된 변수들을 제거하거나 변경했을 때 모델의 예측이 실제로 변하는지 확인한다. 반대로 중요하지 않다고 판단된 변수들을 변경했을 때는 예측이 유지되는지 검증한다. 이러한 섭동 테스트를 통해 설명이 신뢰성을 정량화할 수 있다(Ribeiro et al., 2016; Lundberg & Lee, 2017).

완전성 평가는 설명되지 않은 잔차가 얼마나 되는지를 측정한다. 제공된 설명만으로 원래 모델의 예측을 얼마나 재현할 수 있는지가 핵심이다. 예를 들어, 상위 다섯 개의 요인만으로 원래 예측의 90%를 설명할 수 있다면, 이는 충분히 완전한 설명으로 볼 수 있다.

설명의 안정성도 중요한 평가 요소다. 유사한 고객에 대해 일관된 설명을 제공하는지, 시간이 지나도 설명의 패턴이 유지되는지를 확인한다. 설명이 너무 자주 바뀐다면, 고객의 신뢰를 얻기 어렵고 규제 기관의 의구심을 살 수 있다.

금융 AI 모델 성능 평가의 실무적 고려 사항

백테스팅과 스트레스 테스팅

금융 AI 모델은 과거 데이터로 학습되지만, 미래의 불확실한 상황에서도 안정적으로 작동해야 한다. 백테스팅은 과거의 여러 시점에서 모델을 재학습하고 평가하여 시간에 따른 성능 변화를 분석한다.

롤링 윈도 방식의 백테스팅에서는 학습 기간을 고정

하고 시작 시점을 점진적으로 이동시킨다. 예를 들어, 24개월 데이터로 학습하고 다음 6개월을 평가하는 과정을 1개월씩 이동하며 반복한다. 이를 통해 모델의 성능이 특정 시기에만 좋은 것이 아닌지, 경제 사이클에 따라 어떻게 변하는지를 파악할 수 있다.

스트레스 테스팅은 극단적인 시나리오에서 모델의 견고성을 평가한다. 2008년 금융 위기, 2020년 코로나19 팬데믹과 같은 역사적 스트레스 시나리오를 재현하거나, 가상의 극단적 상황을 시뮬레이션한다. 예를 들어, 실업률 20%, 주택 가격 30% 하락, 금리 10% 상승 등의 시나리오에서 신용 평가 모델의 성능 저하를 측정하고, 자본 적정성에 미치는 영향을 분석한다.

시나리오 분석에서는 단일 요인뿐만 아니라 복합적인 상황도 고려한다. 경기 침체와 함께 특정 산업의 붕괴, 지정학적 리스크의 현실화 등 여러 위험 요인이 동시에 발생하는 상황을 모델링한다. 이를 통해 모델의 한계를 파악하고, 극단적 상황에서의 대응 계획을 수립한다.

AI 모델 거버넌스와 지속적 모니터링

금융 AI 모델의 생명 주기 전반에 걸친 체계적인 거버넌스가 필수다. 모델 개발부터 폐기까지 단계별로 명확한 역할과 책임, 승인 프로세스를 정의해야 한다.

모델 검증은 개발 팀과 독립적인 조직에서 수행되어야 한다. 검증 팀은 모델의 개념적 건전성, 데이터 품질, 성능 지표, 구현 정확성 등을 종합적으로 평가한다. 특히 모델의 가정과 한계를 명확히 문서화하고, 이를 모든 이해관계자가 이해하도록 한다.

지속적 모니터링 체계는 다음과 같은 요소를 포함한다. 첫째, 주요 성능 지표의 실시간 대시보드를 구축하여 이상 징후를 조기에 감지한다. 둘째, 데이터 드리프트와 콘셉트 드리프트를 정기적으로 점검한다. 셋째, 모델 예측과 실제 결과를 비교하는 결과 분석을 수행한다. 넷째, 정기적인 모델 재검증과 필요시 재개발 의사 결정을 내린다.

비즈니스 가치 평가와 ROI 분석

궁극적으로 금융 AI 모델의 성공은 비즈니스 가치 창출로 측정된다. 통계적 성능 지표가 아무리 우수해도, 실제 수익 개선이나 비용 절감으로 이어지지 않는다면 의미가 없다.

ROI 분석에서는 모델 도입으로 인한 직접적 이익과 간접적 이익을 모두 고려한다. 직접적 이익은 부실률 감소로 인한 손실 절감, 우량 고객 승인율 증가로 인한 수익 증대, 운영 효율화로 인한 비용 절감 등이다. 간접적 이익은 고객 만족도 향상, 규제 리스크 감소, 브랜드 가치 제고 등이다.

비용 측면에서는 AI 모델 개발 및 구현 비용, 인프라 투자, 지속적 유지 보수 비용, 규제 대응 비용 등을 종합적으로 고려한다. 특히 숨겨진 비용으로 기존 시스템과의 통합 비용, 직원 교육 비용, 변화 관리 비용 등도 놓치지 않아야 한다.

증분 가치 분석을 통해 AI 모델이 기존 방법 대비 추가로 창출하는 가치를 정량화한다. A/B 테스트나 챔피언-도전자 방식을 통해 실제 운영 환경에서의 성과 차이를 측정하고, 통계적 유의성을 검증한다. 이를 통해 AI 투자의 타당성을 객관적으로 입증할 수 있다.

금융 분야 AI 모델의 성능 평가는 단순한 통계적 지표를 넘어, 규제 준수, 공정성, 설명 가능성, 비즈니스 가치 등 다차원적 관점에서 이루어져야 한다. 지니 계수와 KS 통계량 같은 전통적 지표부터 공정성과 설명 가능성 같은 새로운 요구 사항까지, 금융 AI는 엄격한 평가 기준을 충족해야 한다.

참고문헌

국가데이터처(2024). 가계동향조사 및 가계금융복지조사, https://www.index.go.kr/unity/potal/indicator/IndexInfo.do?idxCd=4225

금융위원회(2020). "[보도참고] 데이터 경제 활성화를 위한 「신용정보법」 개정안이 '20.7월부터 시행됩니다". https://www.fsc.go.kr/no010101/74084

금융위원회(2021). "금융분야 인공지능(AI) 가이드라인". https://iaae.ai/research/?bmode=view&idx=9103698

Chicco, D. & Jurman, G.(2020). The advantages of the Matthews correlation coefficient(MCC) over F1 score and accuracy in binary classification evaluation. *BMC Genomics, 21*(1), pp.1~13.

Dua, D. & Graff, C.(2019). UCI Machine Learning Repository. University of California, Irvine, School of Information and Computer Sciences.

Lundberg, S. M. & Lee, S. I.(2017). A unified approach to interpreting model predictions. *Advances in Neural Information Processing Systems, 30*, pp.4768~4777

Ribeiro, M. T. et al.(2016). "Why should I trust you?" Explaining the predictions of any classifier. *Proceedings of the 22nd ACM SIGKDD International Conference on Knowledge Discovery and Data Mining*, pp.1135~1144.

08
패션 및 리테일 분야 AI 모델 성능 평가

패션과 리테일 산업에서 개인화된 쇼핑 경험 제공부터 재고 관리 최적화까지, AI 모델이 창출하는 가치는 직접적으로 매출 증대와 연결된다. 그러나 이러한 AI 모델의 성능을 정확히 평가하는 것은 단순한 기술적 지표를 넘어 실제 비즈니스 성과와의 연계성을 입증해야 하는 복잡한 과제다. 패션과 리테일 분야에서 활용되는 주요 AI 모델들의 성능 평가 방법론을 체계적으로 분석하고, 실무에서 적용 가능한 평가 지표와 측정 방법을 제시한다.

AI와 인재 채용?

클릭률 평가 지표

패션 및 리테일 분야의 추천 시스템에서 클릭률(CTR, Click-Through Rate)은 사용자 관심도를 측정하는 기본 지표다. 클릭률은 추천된 상품이 노출된 횟수 대비 실제 클릭된 횟수의 비율로 계산된다. 그러나 단순한 CTR 측정은 사용자의 실제 구매 의도를 반영하지 못하는 한계가 있다(Sarwar et al., 2001).

전자 상거래 플랫폼에서는 위치별 가중 클릭률(Position-weighted CTR)을 활용한다. 상위에 노출된 상품일수록 클릭 확률이 높으므로, 순위에 따른 보정 계수를 적용한다. 예를 들어, 첫 번째 위치의 클릭은 1.0, 두 번째는 0.8, 세 번째는 0.6의 가중치를 부여하여 공정한 평가를 수행한다(Richardson et al., 2007).

시간대별 CTR 분석도 중요하다. 패션 상품의 경우 주말과 평일, 낮과 밤의 클릭 패턴이 상이하므로, 시간대별 세분화된 평가가 필요하다. 모바일과 데스크톱 환경에서의 CTR 차이도 고려해야 한다. 모바일 환경에서는 화면 크기 제약으로 인해 상위 노출 상품의 CTR이 더욱 높게 나타나는 경향이 있다.

전환율 평가 지표

전환율(CVR, Conversion Rate)은 클릭 이후 실제 구매로 이어지는 비율을 나타내며, 추천 시스템의 실질적 성과를 측정하는 핵심 지표다. 단순 전환율 외에도 여러 세부 지표를 함께 평가해야 한다.

구매까지의 시간(Time to Purchase)은 추천의 즉각성을 평가한다. 패션 상품의 경우 충동구매와 계획 구매의 비율이 혼재하므로, 24시간 이내 전환율과 7일 이내 전환율을 구분하여 측정한다. 장바구니 추가 후 구매 전환율(Add-to-Cart to Purchase Rate)도 중요한 지표다. 이는 추천 품질과 가격 적정성을 간접적으로 나타낸다(Linden et al., 2003).

반품률을 고려한 순전환율(Net Conversion Rate) 평가도 필수다. 패션 상품은 사이즈나 색상 문제로 반품률이 높으므로, 최종 구매 확정까지를 추적해야 한다. 교차 판매(Cross-selling) 효과도 측정한다. 추천된 상품과 함께 구매된 연관 상품의 매출을 포함하여 추천 시스템의 전체적인 기여도를 평가한다.

트렌드 예측 모델의 정확도 측정

단기 트렌드 예측 평가

패션 트렌드 예측 모델은 시간 범위에 따라 다른 평가 기준을 적용한다. 단기 트렌드(1~4주)의 경우, 주간 판매량 예측의 평균 절대 백분율 오차(MAPE)를 주요 지표로 사용한다. 일반적으로 MAPE 15% 이하를 목표로 한다(Makridakis et al., 2020).

카테고리별 정확도 차이를 분석하는 것도 중요하다. 기본 아이템(베이식 티셔츠, 청바지 등)은 예측 정확도가 높은 반면, 트렌드 민감 아이템(시즌 한정 디자인, 컬래버레이션 제품)은 변동성이 크다. 따라서 상품군별로 차별화된 평가 기준을 적용한다.

소셜 미디어 신호와의 상관관계도 평가 요소다. 인스타그램, 틱톡 등에서의 언급 빈도와 실제 판매량 증가 간의 시차(Time Lag)를 분석하여 예측 모델의 반응성을 측정한다. 일반적으로 소셜 신호 후 7~14일 내 판매 변화를 추적한다.

중장기 트렌드 예측 평가

시즌별 트렌드 예측(3~6개월)에는 기존과는 다른 접근법이 필요하다. 이 경우에는 정량적 정확도보다는 트렌드의 방향성을 얼마나 정확히 맞히는지가 비즈니스 의사 결정에 더 중요하다. 따라서 특정 스타일이나 색상의 인기 상승 또는 하락을 정확히 예측했는지, 즉 방향성 정확도(Directional Accuracy)를 우선 평가해야 한다.

시즌 전환기 예측 정확도는 별도로 평가한다. 봄/여름, 가을/겨울 전환 시점의 수요 변화를 얼마나 정확히 포착하는지 측정한다. 조기 품절이나 과다 재고를 방지하는 것이 목표이므로, 예측 오차의 비대칭성도 고려한다. 과소 예측으로 인한 기회 손실이 과다 예측으로 인한 재고 부담보다 큰 경우가 많다(Fisher & Raman, 1996).

경쟁사 제품 출시나 마케팅 캠페인 같은 외부 요인에 대한 모델의 적응성도 평가한다. 예상치 못한 이벤트 발생 시 예측을 얼마나 빠르게 조정하는지 측정한다.

개인화 수준과 다양성 평가

개인화 정밀도 성능 평가

개인화 추천의 품질은 여러 차원에서 평가된다. 사용자 세그먼트별 적중률(Hit Rate)을 측정하여 개인화의 효과성을 검증한다. 신규 사용자, 간헐적 구매자, 충성 고객

등 그룹별로 추천 정확도가 어떻게 다른지 분석한다(Adomavicius & Tuzhilin, 2005).

개인 취향 프로파일의 정확도도 중요하다. 사용자가 선호하는 브랜드, 스타일, 가격대를 얼마나 정확히 파악하고 있는지 평가한다. 이는 사용자 피드백 수집이나 구매 후 만족도 조사를 통해 검증한다.

맥락적 개인화(Contextual Personalization)의 성과도 측정한다. 계절, 날씨, 특별 이벤트 등 상황에 따른 추천의 적절성을 평가한다. 예를 들어, 비 오는 날 우비나 방수 신발을 추천하는 비율, 결혼식 시즌에 정장 추천 증가율 등을 추적한다(Adomavicius et al., 2011).

A/B 테스트와 실제 비즈니스 지표 연계

A/B 테스트 설계와 실행

패션 리테일 AI 모델의 실제 효과를 검증하기 위해서는 체계적인 A/B 테스트가 필수다. 테스트 그룹 분할 시 사용자의 과거 구매 빈도, 평균 구매액, 선호 카테고리 등을 고려하여 균형 잡힌 그룹을 구성한다(Kohavi et al., 2009).

테스트 기간은 패션 상품의 특성을 고려하여 설정한

다. 주말 효과를 포함하기 위해 최소 2주, 계절성을 고려한다면 4~8주의 테스트 기간이 필요하다. 특별 프로모션이나 세일 기간은 제외하거나 별도로 분석한다.

다변량 테스트(Multivariate Testing)를 통해 여러 요소의 상호작용을 평가한다. 추천 알고리즘, UI(사용자 인터페이스)/UX(사용자 경험) 변경, 개인화 수준 등 여러 변수를 동시에 테스트하여 최적 조합을 찾는다(Siroker & Koomen, 2013).

비즈니스 KPI와의 연계 분석

AI 모델의 기술적 성능과 비즈니스 성과 간의 관계를 명확히 규명해야 한다. 매출 증대 효과는 테스트 그룹과 대조 그룹 간의 인당 평균 구매액(AOV, Average Order Value) 차이로 측정한다. 추천 시스템 개선으로 인한 AOV 증가율을 계산하고, 이를 전체 매출 증대 효과로 환산한다.

고객 생애 가치(CLV, Customer Lifetime Value) 변화도 추적한다. AI 모델 도입 후 고객의 재구매율, 구매 주기, 평균 구매액이 어떻게 변화하는지 장기적으로 모니터링한다. 일반적으로 6개월에서 1년간의 데이터를 분석하여 CLV 개선 효과를 평가한다(Kumar & Shah,

2009).

재고 회전율 개선도 중요한 성과 지표다. 트렌드 예측 모델의 정확도 향상이 재고 소진율과 품절률에 미치는 영향을 측정한다. 시즌 종료 시점의 재고 잔량 감소율을 계산하여 운영 효율성 개선을 정량화한다.

패션과 리테일 분야의 AI 모델 성능 평가는 기술적 정확도와 비즈니스 가치 창출을 균형 있게 고려해야 한다. 클릭률과 전환율 같은 직접적인 지표부터 개인화 품질과 추천 다양성 같은 간접적인 요소까지 종합적으로 평가하고, A/B 테스트를 통해 실제 비즈니스 성과를 검증하는 체계적인 접근이 필요하다. 지속적인 모니터링과 개선을 통해 변화하는 패션 트렌드와 소비자 취향에 적응하는 AI 시스템을 구축할 수 있다.

참고문헌

Adomavicius, G. & Tuzhilin, A.(2005). Toward the next generation of recommender systems: A survey of the state-of-the-art and possible extensions. *IEEE Transactions on Knowledge and Data Engineering, 17*(6), pp.734~749.

Adomavicius, G. et al.(2011). Context-aware recommender systems. *AI Magazine, 32*(3), pp.67~80.

Fisher, M. & Raman, A.(1996). Reducing the cost of demand uncertainty through accurate response to early sales.

Operations Research, 44(1), pp.87~99.

Kohavi, R. et al.(2009). Controlled experiments on the web: Survey and practical guide. *Data Mining and Knowledge Discovery, 18*(1), pp.140~181.

Kumar, V. & Shah, D.(2009). Expanding the role of marketing: From customer equity to market capitalization. *Journal of Marketing, 73*(6), pp.119~136.

Linden, G. et al.(2003). Amazon.com recommendations: Item-to-item collaborative filtering. *IEEE Internet Computing, 7*(1), pp.76~80.

Makridakis, S. et al.(2020). The M5 accuracy competition: Results, findings and conclusions. *International Journal of Forecasting, 38*(4), pp.1346~1364.

Richardson, M. et al.(2007). Predicting clicks: Estimating the click-through rate for new ads. *Proceedings of the 16th International Conference on World Wide Web*, pp.521~530.

Sarwar, B. et al.(2001). Item-based collaborative filtering recommendation algorithms. *Proceedings of the 10th International Conference on World Wide Web*, pp.285~295.

Sculley, D. et al.(2015). Hidden technical debt in machine learning systems. *Advances in Neural Information Processing Systems, 28*, pp.2503~2511.

Siroker, D. & Koomen, P.(2013). *A/B testing: The most powerful way to turn clicks into customers.* John Wiley & Sons.

Ziegler, C. et al.(2005). Improving recommendation lists through topic diversification. *Proceedings of the 14th International Conference on World Wide Web*, pp.22~32.

09
산업별 테스트 세트와 벤치마크 구축

AI 모델의 성능을 정확하게 평가하려면 실제 적용될 산업 환경을 반영한 테스트 세트와 벤치마크가 필수다. 범용 데이터 세트로는 특정 도메인의 미묘한 요구 사항이나 제약 조건을 충분히 반영할 수 없기 때문이다. 산업별 맞춤형 테스트 세트와 벤치마크를 구축하는 체계적인 방법론을 다룬다.

AI와 기자?

도메인 특화 데이터 세트 구축 방법론

산업별 데이터 특성 분석

도메인 특화 데이터 세트를 구축하기 위해서는 먼저 해당 산업의 데이터 특성을 깊이 이해해야 한다. 의료 분야는 개인정보 보호가 최우선이며, 질병의 희귀성으로 인한 클래스 불균형이 심각하다. 제조 분야는 결함 데이터가 극도로 희소하고, 환경 변화에 따른 데이터 분포 변화가 빈번하다. 금융 분야는 시계열 특성이 강하고 규제 준수가 필수다.

이러한 특성을 체계적으로 분석하기 위해서는 도메인 전문가와의 긴밀한 협업이 필요하다. 단순히 데이터를 수집하는 것이 아니라, 각 데이터가 가진 의미와 맥락을 정확히 파악해야 한다. 예를 들어, 의료 영상에서 정상과 비정상을 구분하는 기준은 임상 전문의의 판단 기준과 일치해야 하며, 제조 공정에서의 결함 정의는 품질 관리 표준을 따라야 한다.

대표성 있는 샘플 선정

데이터 세트의 품질은 양보다 대표성에 달려 있다. 실제 운영 환경에서 마주칠 수 있는 다양한 경우를 포괄해야 한다. 이를 위해 계층적 샘플링(Stratified Sampling) 기법을 활용한다.

의료 분야의 경우, 연령대별, 성별, 인종별 분포를 고려해야 한다. 특정 집단에 편향된 데이터 세트는 실제 적용 시 심각한 성능 저하를 초래할 수 있다. 매사추세츠공과대학(MIT)의 연구에 따르면, 피부암 진단 AI가 백인 환자에게는 95%의 정확도를 보였지만, 흑인 환자에게는 70% 미만의 정확도를 보인 사례가 있다(Adamson & Smith, 2018).

제조 분야에서는 정상 제품과 다양한 유형의 결함을 균형 있게 포함해야 한다. 단순히 결함의 유무만이 아니라, 스크래치, 얼룩, 변형 등 세부 카테고리별로 충분한 샘플을 확보해야 한다. 또한 계절적 변화, 원자재 변경, 설비 노후화 등으로 인한 데이터 분포 변화도 반영해야 한다.

레이블링 품질 관리

고품질 레이블은 신뢰할 수 있는 평가의 기초다. 도메인 특화 데이터 세트에서는 일반적인 크라우드소싱 방식보다 전문가 레이블링이 필수다. 의료 영상은 자격을 갖춘 의료진이, 금융 데이터는 해당 분야 전문가가 레이블링해야 한다.

레이블링 일관성을 위해서는 다중 전문가 검증 시스템을 구축해야 한다. 최소 세 명 이상의 전문가가 독립적으로 레이블링하고, 불일치하는 경우 합의 과정을 거치도록 한다. 카파 상관계수(Cohen's Kappa)를 활용해 평가자 간 일치도를 측정하며, 0.8 이상의 높은 일치도를 유지하도록 한다(McHugh, 2012).

레이블링 가이드라인도 명확히 문서화한다. 애매한 경우의 처리 방법, 경계 사례의 판단 기준, 품질 검증 절차 등을 상세히 기술한다. 정기적인 교육과 피드백을 통해 레이블링 품질을 지속적으로 개선한다.

합성 데이터 생성과 검증

합성 데이터의 필요성

실제 데이터만으로는 충분한 다양성과 규모를 확보하기 어려운 경우가 많다. 특히 희귀 질환, 극한 상황의 제조 결함, 금융 사기 등은 실제 사례가 극도로 제한적이다. 이런 상황에서 합성 데이터는 효과적인 대안이 된다.

합성 데이터는 개인정보 보호 문제도 해결한다. 실제 환자 데이터나 금융 거래 정보를 사용하지 않고도 현실적인 시나리오를 생성할 수 있다. 또한 원하는 특성을 가진 데이터를 의도적으로 생성해 모델의 특정 취약점을 테스트할 수 있다.

데이터 생성 기법과 품질 평가

최신 생성 모델을 활용한 합성 데이터 생성이 활발히 연구되고 있다. GAN(Generative Adversarial Networks)과 확산 모델(Diffusion Models)이 대표적이다. 의료 영상 분야에서는 StyleGAN을 활용해 다양한 병변을 가진 합성 영상을 생성한다(Karras et al., 2019).

합성 데이터의 품질은 세 가지 측면에서 평가한다. 첫째, 현실성(Realism)이다. 전문가가 실제 데이터와 구별할 수 없을 정도로 현실적이어야 한다. 이를 위해 FID(Fréchet Inception Distance)와 IS(Inception Score) 같은 정량적 지표를 활용한다.

둘째, 다양성(Diversity)이다. 단조로운 패턴의 반복이 아닌 충분한 변이를 포함해야 한다. LPIPS(Learned Perceptual Image Patch Similarity)로 생성된 이미지 간 지각적 거리를 측정하며, 평균 LPIPS가 0.5 이상이면 충분한 다양성을 확보했다고 본다. 커버리지(Coverage)와 밀도(Density) 메트릭을 통해 실제 데이터 분포를 얼마나 잘 포괄하는지도 평가한다.

셋째, 유용성(Utility)이다. 합성 데이터로 학습한 모델이 실제 데이터에서도 좋은 성능을 보여야 한다. TSTR(Train on Synthetic, Test on Real) 프로토콜로 평가하며, 합성 데이터만으로 학습한 모델이 실제 데이터로 학습한 모델 대비 90% 이상의 성능을 보이면 우수하다. 점진적 학습(Progressive Training)을 통해 실제와 합성 데이터의 최적 혼합 비율도 찾는다.

검증 과정에서는 통계적 유사성 검증과 시각적 검증을 병행한다. MMD(Maximum Mean Discrepancy)나 바서슈타인 거리(Wasserstein Distance)를 활용해 실제 데이터와의 분포 차이를 정량화한다.

최종적으로 현실성(20%), 다양성(15%), 분포 유사성(15%), 유용성(25%), 전문가 평가(25%)의 가중 평균으로 종합 품질 점수를 산출한다.

합성 데이터 활용 전략

합성 데이터는 실제 데이터를 완전히 대체하는 것이 아니라 보완하는 역할을 한다. 일반적으로 실제 데이터와 합성 데이터를 7:3 또는 8:2 비율로 혼합해 사용한다. 이때 합성 데이터는 주로 희귀 케이스나 극단적 상황을 보강하는 데 활용한다.

데이터 증강(Data Augmentation)과 합성 데이터 생성의 경계도 고려해야 한다. 단순한 회전, 확대, 노이즈 추가는 데이터 증강에 해당하지만, 새로운 객체나 시나리오를 생성하는 것은 합성 데이터 생성에 가깝다. 각 방법의 장단점을 이해하고 적절히 조합해 사용한다.

프라이버시 보호 데이터 세트 설계

개인정보 보호 규제 준수

일반정보보호규정(GDPR), 건강보험이동성및책임에관한법(HIPAA), 개인정보보호법 등 각국의 규제를 철저히 준수해야 한다. 특히 의료와 금융 분야는 가장 엄격한 규제가 적용된다. 데이터 수집 단계부터 명시적 동의를 받고, 사용 목적과 범위를 명확히 한다.

익명화(Anonymization)와 가명화(Pseudonymization)의 차이를 이해하고 적절히 적용한다. 익명화는 개인을 식별할 수 있는 모든 정보를 제거하는 반면, 가명화는 별도 정보와 결합하지 않는 한 개인을 식별할 수 없도록 처리한다. 각 방법의 법적 요구 사항과 기술적 한계를 고려해 선택한다.

차등 프라이버시 적용

차등 프라이버시(Differential Privacy)는 개인정보를 보호하면서도 통계적 유용성을 유지하는 기법이다. 데이터에 적절한 노이즈를 추가해 개별 레코드의 존재 여부를 추론할 수 없도록 한다.

프라이버시 예산(Privacy Budget, ε)을 설정해 보호 수준을 조절한다. 일반적으로 ε = 1.0 정도가 적절한 균형점이지만, 도메인과 사용 목적에 따라 조정한다. 애플(Apple)과 구글은 사용자 데이터 분석에 ε = 2.0 ~ 8.0 범위를 사용한다(Dwork & Roth, 2014).

노이즈 추가 메커니즘도 신중히 선택한다. 라플라스(Laplace) 메커니즘은 단순하고 직관적이지만, 가우시안(Gaussian) 메커니즘이 더 나은 유용성을 제공할 수 있다. 최근에는 지수(Exponential) 메커니즘이나 리포트 노이지 맥스(Report Noisy Max) 같은 고급 기법도 활용된다.

연합 학습용 데이터 세트 구성

연합 학습(Federated Learning)은 데이터를 중앙에 모으지 않고 분산된 상태에서 모델을 학습하는 방법이다. 프라이버시 보호가 중요한 의료, 금융 분야에서 특히 유용하다.

연합 학습용 데이터 세트는 각 참여 기관의 로컬 환경을 고려해 설계한다. 데이터 형식의 표준화, 품질 검증 프로토콜, 통신 프로토콜 등을 사전에 정의한다. 또한 각 기관의 데이터가 IID(Independent and Identically Distributed, 독립 동일 분포)하지 않은 경우를 고려해 적절한 집계 알고리즘을 선택한다.

벤치마크 구성 시에는 다양한 데이터 분포 시나리오를 포함한다. 균등 분포, 편향 분포, 극단적 불균형 등 실제 환경에서 발생할 수 있는 상황을 모두 고려한다. 이를 통해 연합 학습 알고리즘의 견고성을 종합적으로 평가할 수 있다.

지속적인 평가 시스템 구축

데이터 드리프트 모니터링

실제 운영 환경에서는 시간이 지남에 따라 데이터 분포가 변화하는 데이터 드리프트(Data Drift)가 발생한다. 이는 모델 성능 저하의 주요 원인이다. 지속적인 모니터링을 통해 드리프트를 조기에 감지하고 대응해야 한다.

드리프트 감지에는 통계적 검정 방법을 활용한다.

KS(Kolmogorov-Smirnov) 검정, 카이제곱(Chi-square) 검정, MMD 등을 사용한다. 단변량 드리프트뿐만 아니라 다변량 드리프트도 감지할 수 있어야 한다.

드리프트 감지 시 알림 시스템을 구축한다. 경미한 드리프트는 경고 수준으로, 심각한 드리프트는 즉각적인 조치가 필요한 수준으로 분류한다. 각 수준의 대응 프로토콜을 사전에 정의해 신속한 대응이 가능하도록 한다.

적응형 테스트 세트 관리

테스트 세트도 고정된 것이 아니라 진화해야 한다. 새로운 패턴이나 에지 케이스가 발견되면 테스트 세트에 추가한다. 동시에 더 이상 관련성이 없는 오래된 샘플은 제거하거나 가중치를 낮춘다.

버전 관리 시스템을 도입해 테스트 세트의 변화를 추적한다. 버전별로 어떤 샘플이 추가되거나 제거됐는지, 그 이유는 무엇인지 명확히 기록한다. 이를 통해 평가 결과의 시계열 비교가 가능하고, 성능 변화의 원인을 추적할 수 있다.

테스트 세트 업데이트 주기도 도메인 특성에 맞게 설정한다. 빠르게 변화하는 금융 시장은 월 단위로, 상대적으로 안정적인 의료 영상은 분기 단위로 업데이트한다. 단, 중대한 변화가 감지되면 즉시 업데이트를 수행한다.

자동화된 평가 파이프라인

수동 평가는 시간이 오래 걸리고 실수가 발생하기 쉽다. 자동화된 평가 파이프라인을 구축해 효율성과 일관성을 높여야 한다. CI(Continuous Integration, 지속적 통합)/CD(Continuous Deployment, 지속적 배포) 파이프라인과 통합해 모델 업데이트 시 자동으로 평가가 수행되도록 한다.

평가 파이프라인은 다음 단계로 구성된다. 첫째, 데이터 검증 단계에서 입력 데이터의 형식과 품질을 확인한다. 둘째, 모델 추론 단계에서 예측을 수행한다. 셋째, 지표 계산 단계에서 다양한 성능 지표를 산출한다. 넷째, 결과 분석 단계에서 이전 버전과 비교하고 이상 패턴을 감지한다. 마지막으로 리포트 생성 단계에서 시각화된 보고서를 자동 생성한다.

MLOps 도구들을 활용해 파이프라인을 구현한다. 쿠브플로(Kubeflow), ML플로(MLflow), 에어플로(Airflow) 등이 대표적이다. 각 도구의 장단점을 비교해 조직의 기술 스택과 요구 사항에 맞는 것을 선택한다.

크로스 도메인 벤치마킹

단일 도메인 내에서의 평가만으로는 모델의 진정한 일반화 능력을 파악하기 어렵다. 크로스 도메인 벤치마킹을 통해 다른 도메인에서의 성능도 평가한다.

예를 들어, 의료 영상에서 학습한 이상 탐지 모델이 제조 분야의 결함 탐지에도 활용될 수 있는지 평가한다. 이를 통해 전이 학습(Transfer Learning)의 가능성을 탐색하고, 도메인 불변 특징(Domain-Invariant Features)을 발견할 수 있다.

크로스 도메인 평가 시에는 도메인 적응(Domain Adaptation) 기법의 효과도 함께 측정한다. 미세 조정(Fine-tuning), 영역 적대적 학습(Domain Adversarial Training), 자기 지도 학습(Self-supervised Learning) 등 다양한 기법을 적용하고, 각각의 성능 향상 정도를 정량화한다.

산업별 테스트 세트와 벤치마크 구축은 AI 모델의 실제 적용 가능성을 검증하는 핵심 과정이다. 도메인 특성을 깊이 이해하고, 대표성 있는 데이터를 확보하며, 프라이버시를 보호하고, 지속적으로 관리하는 체계적인 접근이 필요하다.

특히 합성 데이터 생성 기술의 발전은 데이터 부족 문

제를 해결하는 새로운 가능성을 열었다. 차등 프라이버시와 연합 학습은 민감한 데이터를 다루는 산업에서도 AI 활용을 가능하게 한다. 자동화된 평가 시스템은 빠르게 변화하는 환경에서도 모델의 신뢰성을 유지할 수 있게 한다.

앞으로는 더욱 정교한 평가 체계가 필요할 것이다. 단순한 정확도를 넘어 공정성, 설명 가능성, 견고성 등 다차원적 평가가 표준이 될 것이다. 또한 실시간 적응형 평가 시스템을 통해 모델과 평가 체계가 함께 진화하는 생태계가 구축될 것으로 기대된다.

참고문헌

Adamson, A. S. & Smith, A.(2018). Machine learning and health care disparities in dermatology. *JAMA Dermatology, 154*(11), pp.1247～1248.

Dwork, C. & Roth, A.(2014). The algorithmic foundations of differential privacy. *Foundations and Trends in Theoretical Computer Science, 9*(3-4), pp.211～407.

Karras, T. et al.(2019). A style-based generator architecture for generative adversarial networks. *Proceedings of the IEEE/CVF Conference on Computer Vision and Pattern Recognition*, pp.4401～4410.

McHugh, M. L.(2012). Interrater reliability: the kappa statistic. *Biochemia Medica, 22*(3), pp.276～282.

10
AI 모델 성능 평가의 실무 가이드

AI 모델 개발의 최종 단계는 실무에 적용 가능한 성능 평가 체계를 구축하는 것이다. 지금까지 학습한 다양한 평가 지표와 방법론을 실제 프로젝트에 적용하는 실무적 가이드를 제공한다. 특히 평가 지표 선택을 위한 체계적인 의사 결정 프로세스, 효과적인 성능 평가 보고서 작성법, 국책 연구 개발 과제 제안서에서 설득력 있는 성능 지표를 설정하는 방법을 다룬다. 이를 통해 AI 개발자와 프로젝트 관리자가 각자의 상황에 맞는 최적의 평가 전략을 수립할 수 있도록 돕고자 한다.

AI와 미래 의사?

평가 지표 선택 의사 결정 트리

AI 모델의 성능 평가 지표를 선택하는 것은 프로젝트의 성패를 좌우하는 중요한 결정이다. 문제의 유형, 데이터의 특성, 비즈니스 목표에 따라 적절한 지표가 달라지기 때문에 체계적인 접근이 필요하다. 소콜로바 · 라팔므(Sokolova & Lapalme, 2009)는 분류 문제에서 사용되는 24개의 성능 지표를 체계적으로 분석하여, 각 지표가 적합한 상황을 제시했다.

문제 유형별 1차 분류

가장 먼저 해결하려는 문제의 유형을 명확히 정의해야 한다. AI 문제는 크게 분류(Classification), 회귀(Regression), 순위(Ranking), 생성(Generation), 복합(Hybrid) 문제로 나눌 수 있다.

분류 문제의 경우, 이진 분류와 다중 클래스 분류로 세분화된다. 이진 분류에서는 정확도, 정밀도, 재현율, F1-점수, AUC-ROC 등이 주요 지표가 된다. 다중 클래스 분류에서는 클래스별 지표와 함께 매크로/마이크로 평균을 고려해야 한다(Powers, 2011).

회귀 문제에서는 예측값과 실젯값의 차이를 측정하는 MAE(Mean Absolute Error, 평균 절대 오차),

MSE(Mean Squared Error, 평균 제곱 오차), RMSE(Root Mean Squared Error, 평균 제곱근 오차), MAPE(Mean Absolute Percentage Error, 평균 절대 백분율 오차) 등을 사용한다. 이상치의 영향을 줄이려면 MAE를, 큰 오차에 더 큰 페널티를 주려면 MSE를 선택한다(Chai & Draxler, 2014).

데이터 특성 고려 사항

데이터의 불균형 정도는 평가 지표 선택의 핵심 요소다. 클래스 불균형이 심한 경우 정확도는 의미가 없으며, 정밀도-재현율 곡선, F1-점수, MCC 등이 더 적합하다(He & Garcia, 2009).

불균형 비율 = 다수 클래스 샘플 수 / 소수 클래스 샘플 수
- 비율 < 3:1 → 일반적인 지표 사용 가능
- 비율 3:1 ~ 10:1 → 가중치 기반 지표 권장
- 비율 > 10:1 → 특수 지표 필수(AUPRC, G-mean 등)

데이터의 노이즈 수준도 중요하다. 노이즈가 많은 데이터에서는 과도하게 민감한 지표보다는 안정적인 지표를 선택해야 한다. 예를 들어, 레이블 노이즈가 5% 이상

인 경우 톱-K(Top-k) 정확도나 순위 기반 지표가 더 적합할 수 있다(Frénay & Verleysen, 2014).

비즈니스 목표 정렬

기술적 성능과 비즈니스 가치의 정렬은 실무에서 가장 중요한 과제다. 의료 진단 시스템에서는 높은 재현율(위음성 최소화)이 핵심이지만, 스팸 필터에서는 높은 정밀도(위양성 최소화)가 더 중요하다.

비용 민감도 분석을 통해 각 오류 유형의 비즈니스 영향을 정량화해야 한다. 예를 들어, 신용 평가 모델에서 대출 부실(FN)의 비용이 기회 손실(FP)보다 10배 크다면, 이를 반영한 가중 손실 함수를 사용해야 한다(Elkan, 2001).

의사 결정 트리 구조

실무에서 활용 가능한 평가 지표 선택 의사 결정 트리는 다음과 같은 구조를 따른다.

(1) 문제 정의 단계

예측 대상: 범주형 vs 연속형 vs 순서형

출력 형태: 단일값 vs 다중값 vs 시퀀스

시간 의존성: 정적 vs 동적

(2) 제약 조건 확인

실시간 처리 요구 사항

해석 가능성 필요 수준

규제 준수 요구 사항

(3) 데이터 진단

샘플 크기와 차원

클래스/값 분포

품질과 완전성

(4) 지표 후보군 선정

1차 지표: 문제 유형별 표준 지표

2차 지표: 특수 요구 사항 반영 지표

보조 지표: 모니터링용 지표

(5) 검증 및 최종 선택

파일럿 테스트 결과

이해관계자 합의

운영 가능성 검토

성능 평가 보고서 작성 가이드

효과적인 성능 평가 보고서는 기술적 정확성과 비즈니스 통찰력을 균형 있게 제공해야 한다. 다양한 이해관계자가 각자의 관점에서 필요한 정보를 쉽게 찾을 수 있도록 구성하는 것이 중요하다. 미첼 외(Mitchell et al., 2019)가 제안한 모델 카드(Model Cards)는 AI 모델의 성능을 투명하게 보고하는 표준화된 프레임워크를 제공한다.

보고서 구조와 구성 요소

성능 평가 보고서의 표준 구조는 다음과 같다.

(1) 요약(Executive Summary)

핵심 성과와 주요 발견 사항을 1~2페이지로 요약한다. 비기술적 이해관계자도 이해할 수 있도록 전문 용어를 최소화하고, 비즈니스 영향을 중심으로 서술한다.

(2) 평가 방법론

사용된 데이터 세트, 평가 지표, 실험 설계를 명확히 기술한다. 재현 가능성을 위해 충분한 세부 정보를 포함하되, 핵심 내용은 본문에, 기술적 세부 사항은 부록에 배치한다(Gebru et al., 2021).

(3) 주요 결과

정량적 결과를 표와 그래프로 제시한다. 단순히 숫자를 나열하지 않고, 결과의 의미와 함의를 설명한다. 통계적 유의

성과 실질적 중요성을 구분하여 제시한다.

(4) 세부 분석

오류 분석, 성능 분해, 민감도 분석 등을 포함한다. 모델이 잘 작동하는 경우와 그렇지 않은 경우를 구체적인 예시와 함께 설명한다.

(5) 한계점과 개선 방안

현재 모델의 한계를 솔직하게 인정하고, 구체적인 개선 방안을 제시한다. 추가 데이터 수집, 모델 구조 개선, 평가 방법 보완 등의 로드맵을 포함한다.

시각화 원칙과 모범 사례

데이터 시각화는 복잡한 성능 정보를 직관적으로 전달하는 핵심 도구다. 효과적인 시각화를 위한 원칙은 다음과 같다.

- **명확성 우선**
  - 각 차트는 하나의 핵심 메시지만 전달
  - 불필요한 장식 요소 제거
  - 일관된 색상 체계와 범례 사용
- **비교 가능성**
  - 동일한 척도와 축 범위 사용

◦ 기준선(baseline) 명시

◦ 신뢰 구간 표시

- **접근성 고려**

◦ 색맹 친화적 팔레트 사용

◦ 충분한 글자 크기

◦ 대체 텍스트 제공

핵심 성과 지표 대시보드

실시간 모니터링을 위한 핵심 성과 지표(KPI) 대시보드는 다음 요소를 포함해야 한다.

- **주요 지표 요약**

◦ 현잿값, 목푯값, 추세

◦ 신호등 시스템(정상/주의/경고)

◦ 전기 대비 변화율

- **세분화 분석**

◦ 사용자 그룹별 성능

◦ 시간대별 변화

◦ 기능별 성능 분포

- **이상 탐지**

◦ 성능 저하 알림

◦ 데이터 드리프트 감지
◦ 예상치 못한 패턴 식별

국책 과제 제안서의 성능 지표 설정

국책 연구 개발 과제에서 적절한 성능 지표 설정은 과제 선정의 핵심 요소다. 평가자를 설득할 수 있는 명확하고 달성 가능하며 의미 있는 지표를 제시해야 한다. 국가과학기술지식정보서비스(NTIS)의 분석에 따르면, 성공적인 국책 과제는 명확한 정량적 목표와 단계별 검증 계획을 포함하고 있다(한국과학기술기획평가원, 2023).

정량적 목표 설정 전략

성공적인 정량적 목표는 SMART 원칙을 따라야 한다. 국책 연구 관리 기관마다 성능 평가 지표를 제시하는 양식이 다르긴 하지만 대부분 다음의 SMART 원칙을 따라 제시되어야 한다.

Specific(**구체적**)
"성능 향상"이 아닌 "의료 영상 분류 정확도 95% 달성"처럼 구체적으로 명시한다.

Measurable(**측정 가능**)

객관적이고 재현 가능한 측정 방법을 제시한다. 사용할 벤치마크 데이터 세트와 평가 프로토콜을 명확히 한다.

Achievable(**달성 가능**)

현재 기술 수준과 제안하는 혁신을 고려하여 현실적인 목표를 설정한다. 너무 보수적이거나 비현실적인 목표는 모두 문제가 된다.

Relevant(**관련성**)

국가 과학 기술 정책 방향과 일치하고, 산업적/사회적 파급 효과가 명확한 지표를 선택한다.

Time-bound(**기한 설정**)

단계별 마일스톤과 최종 목표 달성 시점을 명시한다.

기술 수준 분석과 목표 설정

현재 기술 수준(State-of-the-Art)에 대한 철저한 분석이 선행되어야 한다. 계획으로 제시한 성능 목표치가 객관적이라는 것을 증빙하기 위한 근거로 사용되는 데이터다.

-국내외 기술 동향 조사

◦ 최근 3년간 주요 학회/저널 발표 성과

◦ 선도 기업/연구 기관의 공개 성과

◦ 특허 및 표준화 동향

- **벤치마크 분석**

◦ 표준 데이터 세트에서의 최고 성능

◦ 실제 환경에서의 성능 격차

◦ 상용화 수준과의 비교

- **기술 격차 정의**

◦ 현재 수준 대비 목표 수준

◦ 극복해야 할 기술적 난제

◦ 제안 기술의 차별성

단계별 성과 지표 구성

대규모 국책 과제는 보통 3~5년에 걸쳐 진행되므로, 단계별 성과 지표를 체계적으로 구성해야 한다(한국과학기술기획평가원, 2024).

- **1차 연도: 기반 구축**

◦ 데이터 수집/구축 완료율

◦ 기초 모델 개발 및 검증

◦ 파일럿 테스트 성능(목표의 60~70%)

- **2차 연도: 핵심 기술 개발**

◦ 핵심 알고리즘 성능 향상

◦ 실험실 환경 목표 달성(목표의 80~90%)

◦ 프로토타입 시스템 구축

-3차 연도: **실증 및 최적화**

◦ 실제 환경 성능 검증

◦ 최종 목표 달성(100%)

◦ 기술 이전/사업화 준비

평가 검증 계획

제시한 성능 지표의 신뢰성을 보장하기 위한 검증 계획을 포함해야 한다.

-**독립적 검증**

◦ 제3자 검증 기관(공인 시험 기관) 활용

◦ 공개 평가 대회 참여

◦ 국제 표준 인증

-**재현성 보장**

◦ 소스 코드 공개 계획(과제별)

◦ 상세 실험 프로토콜 문서화

◦ 데이터 세트 공개/접근 방안

-**지속적 모니터링**

◦ 분기별 성과 점검

◦ 외부 자문단 활용

◦ 중간 평가 대응 전략

실무 적용 시 주의 사항

과대 평가의 함정

실무에서 자주 발생하는 과대 평가의 원인과 예방법은 스컬리 외(Sculley et al., 2015)가 제시한 "머신러닝 시스템에 숨겨진 기술적 부채(Hidden Technical Debt in Machine Learning Systems)"에서 자세히 다루고 있다.

데이터 누출(Data Leakage): 훈련 데이터와 테스트 데이터 간 정보 누출은 비현실적으로 높은 성능을 보이는 주요 원인이다. 시간 기반 분할, 환자/사용자 기반 분할 등 실제 운영 환경을 반영한 데이터 분할이 필수다.

선택 편향(Selection Bias): 성능이 좋은 특정 사례만 선별하여 평가하는 것을 방지하기 위해, 무작위 샘플링과 층화 샘플링을 적절히 활용해야 한다.

다중 비교 문제: 여러 모델과 하이퍼파라미터를 시도한 후 가장 좋은 결과만 보고하는 것은 통계적 오류다. 본페로니(Bonferroni) 보정 등 적절한 통계적 보정을 적용해야 한다

(Shaffer, 1995).

운영 환경 고려 사항

실험실 성능과 실제 운영 성능 간 격차를 줄이기 위한 전략은 브렉 외(Breck et al., 2017)의 머신러닝 테스트 점수(ML Test Score)를 참고할 수 있다. 특히, 시간과 관련된 성능은 하드웨어 성능에 의존하는 경향이 있어 어떤 환경에서 측정되는가에 따라 달라질 수 있으므로 객관성을 잃어버릴 수 있어 주의해야 한다.

-**실시간 처리 요구 사항**

◦ 추론 시간 측정 및 최적화

◦ 배치 처리 vs 스트리밍 처리

◦ 하드웨어 제약 고려

-**확장성과 안정성**

◦ 동시 사용자 수 증가 시 성능

◦ 장기 운영 시 성능 저하

◦ 장애 복구 능력

-**유지 보수성**

◦ 모델 업데이트 주기

◦ 성능 모니터링 체계

◦ 이상 상황 대응 프로세스

AI 모델 성능 평가의 실무는 기술적 엄밀성과 비즈니스 실용성 사이의 균형을 찾는 과정이다. 이 장에서 제시한 의사 결정 트리, 보고서 작성 가이드, 국책 과제 지표 설정 방법은 이러한 균형점을 찾는 데 도움이 될 것이다.

중요한 것은 평가 지표가 단순한 숫자가 아니라, 실제 문제 해결 능력을 반영하는 도구라는 점이다. 따라서 항상 '이 지표가 개선되면 실제로 사용자에게 어떤 가치를 제공하는가?'라는 질문을 던져야 한다(Zhang et al., 2020).

AI 기술이 계속 발전함에 따라 평가 방법론도 진화할 것이다. 하지만 명확한 목표 설정, 체계적인 평가, 투명한 보고라는 기본 원칙은 변하지 않을 것이다. 이러한 원칙을 바탕으로 각자의 상황에 맞는 최적의 평가 전략을 수립하기를 바란다.

참고문헌

한국과학기술기획평가원. (2023). 《2023년도 국가연구개발사업 성과분석》. 한국과학기술기획평가원연구보고서. https://www.kistep.re.kr/reportAllDetail.es?mid=a10305010000&rpt_tp=831-001&rpt_no=RES0220250056

한국과학기술기획평가원(2024). 《2024년 성과평가 정책수립·운영 및 평가실시》. 최종보고서. https://www.kistep.re.kr/reportDetail.es?mid=a10305030000&rpt_tp=831-001&rpt_no=RES0220250074

Breck, E. et al.(2017). The ML test score: A rubric for ML production readiness and technical debt reduction. *Proceedings of IEEE Big Data*, pp.1123~1132.

Chai, T. & Draxler, R. R.(2014). Root mean square error(RMSE) or mean absolute error(MAE)? Arguments against avoiding RMSE in the literature. *Geoscientific Model Development, 7*(3), pp.1247~1250.

Elkan, C.(2001). The foundations of cost-sensitive learning. Proceedings of the 17th International Joint Conference on Artificial Intelligence, pp.973~978.

Frénay, B. & Verleysen, M.(2014). Classification in the presence of label noise: A survey. *IEEE Transactions on Neural Networks and Learning Systems, 25*(5), pp.845~869.

Gebru, T. et al.(2021). Datasheets for datasets. *Communications of the ACM, 64*(12), pp.86~92.

He, H. & Garcia, E. A.(2009). Learning from imbalanced data. *IEEE Transactions on Knowledge and Data Engineering, 21*(9), pp.1263~1284.

Mitchell, M. et al.(2019). Model cards for model reporting. *Proceedings of the Conference on Fairness, Accountability, and Transparency*, pp.220~229.

Powers, D.(2011). Evaluation: From precision, recall and F-measure to ROC, informedness, markedness and correlation. *Journal of Machine Learning Technologies, 2*(1), pp.37~63.

Sculley, D. et al.(2015). Hidden technical debt in machine learning systems. *Advances in Neural Information Processing Systems, 28*, pp.2503~2511.

Shaffer, J. P.(1995). Multiple hypothesis testing. *Annual Review of Psychology, 46*(1), pp.561~584.

Sokolova, M. & Lapalme, G.(2009). A systematic analysis of performance measures for classification tasks. *Information Processing & Management, 45*(4), pp.427~437.

Zhang, J. M. et al.(2020). Machine learning testing: Survey, landscapes and horizons. *IEEE Transactions on Software Engineering, 48*(1), pp.1~36.

이정헌

경희대학교 컴퓨터공학과 교수다. 1999년부터 2011년까지 3번 스타트업을 창업해 투자금을 회수(exit)했고, 한국정보화진흥원 프로젝트 매니저(PM)를 거쳐 2013년부터 현재까지 경희대학교 컴퓨터공학과 교수로 재직 중이다. 2018년부터 전문 개인 투자자로 활동하고 있으며, AC(액셀러레이터)/VC(벤처캐피탈) 투자사를 설립해 스타트업을 발굴하고 투자하고 성장을 지원하는 투자 활동을 활발히 하고 있다. 2017년부터 4년간 중소벤처기업부 성능검증연구협의회 사무국장을 지냈다. 중소벤처혁신기업협회 협회장과 국가지식재산위원회 신지식 재산 분과에서 전문위원으로 활동했다(2013~2017). 과기부, 산업부, 문체부, 중기부 등에서 국책과제 최고평가단 및 AI 관련 신규 과제 기획위원으로 활동 중이다. AI, 빅데이터, AR/VR, 영상 처리 분야에서 다수의 국책 연구 개발 프로젝트를 수행했으며, 세계인명사전에도 전문가로 등재되어 있다. 주요 저서로 《애즈 어 서비스다! 비트 경제의 게임체인저》(2021), 《4차 산업 시대의 역량 강화를 위한 생성형 AI 그리고 산업자동화》(2024), 《개인투자자와 AI 서비스》(2025) 등이 있다.